CAMPOLO

La misión de Editorial Vida es ser la compañía líder en comunicación cristiana que satisfaga las necesidades de las personas, con recursos cuyo contenido glorifique a Jesucristo y promueva principios bíblicos.

ES VIERNES, PERO EL DOMINGO VIENE
Edición en español publicada por
Editorial Vida – 1992
Miami, Florida

Edición Especial

© **1992 por Editorial Vida**

Originally published in the USA under the title:
It's Friday, but Sunday's Comin'
© **1984 por Anthony Campolo**
Published by Word Books Publishers.

Traducción: *Hugo Zelaya*
Diseño de cubierta: *Base Creativa*

RESERVADOS TODOS LOS DERECHOS.

ISBN: 978-0-8297-0326-9

CATEGORÍA: General

Impreso en Colombia
Printed in Colombia

*A Robert y Winifred Davidson,
amados consuegros
modelos de servicio cristiano*

Indice

CAPITULO UNO
Una declaración breve respecto
al propósito de este corto libro
7

CAPITULO DOS
Cristo responde a nuestra necesidad
de salud psicológica y bienestar emocional
11

CAPITULO TRES
Cristo satisface nuestra necesidad
de un sentido de valor personal
23

CAPITULO CUATRO
Cristo responde a nuestra
necesidad de amor
41

CAPITULO CINCO
Cristo satisface nuestra necesidad de lo milagroso
65

CAPITULO SEIS
Cristo satisface nuestra necesidad de un propósito en la vida
79

CAPITULO SIETE
Cristo satisface nuestra necesidad de esperanza
101

CAPITULO UNO

Una declaración breve respecto al propósito de este corto libro

CAPÍTULO UNO

Una declaración breve
respecto al propósito
de este corto libro

Me gusta el versículo bíblico que dice: "No me avergüenzo del evangelio" (Romanos 1:16). Expresa cómo me siento cuando considero la obra y el mensaje de Jesucristo. No me avergüenzo del evangelio de Cristo porque satisface toda necesidad de todo ser humano en este planeta. Espero que usted descubra eso. No importa cuál sea su necesidad; yo tengo buenas noticias para usted: Jesucristo puede satisfacer esa necesidad. No me avergüenzo del evangelio de Cristo, porque no conozco ningún problema que tengan que enfrentar los seres humanos para los que Jesucristo no tenga solución. En nuestra época parece que la mayoría de las personas han buscado en todas partes menos en Jesucristo para satisfacer sus necesidades y obtener soluciones a sus problemas. En este corto libro intentaré señalar algunas maneras en que Jesucristo satisface algunas de las necesidades más importantes de la existencia humana.

Lo que he escrito ha sido extraído del material que originalmente formó parte de una película titulada *Es viernes, pero el domingo viene*. La mayor parte de este libro fue originalmente material hablado. Quisiera que, al leerlo, usted lo tuviera presente. Mejor todavía, imagínese que estoy hablándole en vez de estar escribiéndole.

CAPITULO DOS

Cristo responde a nuestra necesidad de salud psicológica y bienestar emocional

Me gano la vida como sociólogo, y puedo verificar la realidad de que una de las tendencias más comunes en la actualidad es que las personas con dificultades buscan a los psicólogos y a los sociólogos para obtener ayuda. Las personas creen cada vez más que la ciencia social puede solucionar su problema. Si usted ha sido atrapado en esa manía, le tengo malas noticias: el enfoque social científico para la solución de los problemas no tiene tanto éxito como uno se imagina. Los que lo intentan a menudo encuentran que no llegan a lograr sus expectativas.

El estudio de Hans Eysenck, uno de los trabajos de evaluación más importantes sobre el tratamiento de personas emocionalmente perturbadas, señala que si alguien tiene problemas psicológicos, los psicoanalistas y los psicoterapeutas pudieran no ser de mucha ayuda. De los que van a los psicoanalistas, informa Eysenck, el cuarenta y cuatro por ciento se cura en un año. Entre los que van a los psicoterapeutas, el cincuenta y tres por ciento se cura en un año. Entre los que van a los psiquiatras cerca del sesenta y uno por ciento se sana en un año. No obstante, entre los que están perturbados emocionalmente y no buscan ayuda profesional, el setenta y tres por ciento se sana en el lapso de un año.

Los resultados me asustan. No sé si las estadísticas lo

sorprendieron a usted tanto como a mí, pero me hizo preguntar si los psicoanalistas y los psicoterapeutas profesionales ayudaban a las personas o las ponían peor. Pareciera que nos están manteniendo enfermos aquéllos de quienes esperamos nos puedan ayudar cuando estamos psicológica y emocionalmente perturbados.

¿Cuántas personas conoce usted que van en busca de consejo profesional de psicoanalistas y terapeutas, y parece como que nunca salen de la consejería? Cinco o seis años después que comienzan a ver a algún analista o terapeuta, todavía están pagando veinticinco dólares o más cada media hora una vez a la semana por tratamiento, y muestran muy pocas señales de mejoría. Si usted pregunta el porqué, encontrará la respuesta en el hecho de que los científicos sociales a menudo tienden a no hacer caso a los principios fundamentales del evangelio.

En primer lugar, los consejeros a veces cometen el error de rastrear todas nuestras dificultades emocionales y psicológicas hasta negar a los acontecimientos y traumas que ocurrieron en el pasado. Por lo general tratan de explicarse qué es lo que hay en los antecedentes de una persona que la ha convertido en lo que es en el presente. Para muchos consejeros, se supone que la historia clínica de una persona proporciona todas las pistas necesarias para entender sus problemas. Conozco a varios psicólogos, particularmente los que se llaman a sí mismos "conductistas", que abogan por lo que ellos llaman "modelos de modificación de conducta", que se unen a esa escuela de pensamiento. Están seguros de que los seres humanos no son más que criaturas socialmente condicionadas cuyo futuro ha sido determinado por su pasado. Los psicoanalistas neofreudianos son casi tan malos como los conductistas, porque también hacen demasiado énfasis en la manera que el pasado de una persona controla su destino.

Cuando yo era conferenciante universitario, había un colega que estaba muy metido en ese enfoque. Era seguro que él explicaría todos los problemas personales como el resultado de haber sido mal adiestrado en el uso del inodoro. Yo disfrutaba de entrar de manera inadvertida en el aula durante sus conferencias para escuchar la explicación de sus teorías. Era un maestro talentoso, y para mí hay pocas cosas más divertidas que escuchar a personas inteligentes enunciar algún concepto tonto.

Para él, todo lo relacionado con una persona era el resultado de su adiestramiento en el uso del inodoro. Cuando daba su conferencia enfatizaba ese punto con el entusiasmo y el celo de un evangelista.

"Estudiantes — decía él —, la primera exigencia hecha siempre por la sociedad sobre el individuo viene con el adiestramiento en el uso del inodoro. Lo que sucede en ese adiestramiento es precursor a todas las exigencias que la sociedad hará jamás a la persona. Sepan que el adiestramiento en el uso del inodoro es la primera cosa que la sociedad requiere de cualquiera. La madre es la que trasmite los requerimientos sociales. Consideren cómo suplica ella para que haya conformidad con las expectativas sociales, cómo implora y ruega al niño: '¡Hazlo para mami! ¡Hazlo para mami!' Sin embargo, el niño a veces resiste los ruegos de su madre. Pudiera rebelarse contra sus deseos, y cuando eso sucede surge la rebeldía social en el niño. Entonces pudiera decir en tono desafiante: '¡No!' Si la madre es fuerte e inmutable, pudiera exigir: '¡Aquí te quedas hasta que algo suceda!' El niño se queda. Se esfuerza por hacerlo. Se entrega a la tarea con todas sus fuerzas y, después de un largo rato, tiene éxito y finalmente produce el regalo por el que la sociedad ha rogado."

(Debo admitir que nunca antes oí que lo llamaran un regalo.)

El conferenciante llegó a la cima de lo absurdo cuando exclamó:

"¿Qué hace la sociedad con ese regalo que el niño ha producido para ella? ¿Qué hace con los resultados del esfuerzo del niño? ¿Lo preserva la sociedad? ¿Lo honra? ¿Lo ve como un símbolo del éxito del niño? ¡No! La sociedad tira de la cadena. Allí mismo el niño aprende que lo que él produce para la sociedad no tiene significado perdurable, ninguna importancia continua."

Usted se reirá de todo eso, pero ese profesor lo decía en serio.

¿Determina de veras el pasado lo que somos y quiénes somos? ¿Predestinan en realidad nuestra conducta futura los procesos de la niñez como el adiestramiento en el uso del inodoro? ¿No somos más que perros pavlovianos que han sido condicionados para responder a un estímulo particular de una manera peculiar? ¿Somos sencillamente el producto de nuestro ambiente y acondicionamiento?

¡Yo pienso que no! Además, es muy importante reconocer que el evangelio no afirma tal concepto. La Biblia no enseña que el pasado determina lo que somos; la realidad es que la Biblia enseña algo radicalmente diferente. Según la Biblia, el futuro tiene la pista de quién y qué somos en el presente. Se considera el futuro, no el pasado, como la dimensión más importante de la personalidad humana. El que cree lo que dice la Biblia no queda contento preguntando: "¿De dónde vine?" Para el cristiano, la pregunta más importante es: "¿Adónde voy?"

La Biblia enseña que el pasado o antecedente de una persona no es lo más importante acerca de ella. Más bien, como sabe el creyente, lo más importante acerca de una persona es adónde va y qué futuro escoge.

He recibido a estudiantes que llegan a mi oficina confundidos y emocionalmente traumatizados. Estaban enredados; se sentían fracasados; a punto de perder el curso universitario. A menudo sus tristes circunstancias eran primordialmente el resultado de que no se dirigían a ninguna parte. No tenían metas. Carecían de aspiraciones. Su vida no tenía propósito y no se podían imaginar un sentido deseable para la existencia. Su futuro estaba carente de esperanza.

Descubrí que si podía lograr que esos estudiantes se entusiasmaran con alguna meta hermosa, si podía hacerles creer que su vida podía tener algún propósito magnífico, daban la vuelta completa y casi inmediatamente se arreglaban. He tenido la dicha de ver a esos muchachos cambiar su actitud aletargada y aburrida a una personalidad dinámica, con dominio de sí mismos, y moverse hacia una vida de realización gozosa. Estoy seguro de que usted, de su propia experiencia, puede citar casos de personas confundidas, agitadas con dudas y emocionalmente desequilibradas, pero que se volvieron personas felices cuando tomaron la decisión de comprometerse a llegar a ser personas nuevas. Hay mucha evidencia para sustentar la tesis de que dependemos grandemente de lo que elegimos llegar a ser. Esas son las buenas nuevas (que es lo que significa la palabra evangelio). No somos criaturas predeterminadas. Podemos tomar decisiones que pueden modificar nuestro comportamiento y convertirnos en nuevas criaturas.

Por último, un cristiano es alguien que quiere llegar a ser una nueva persona y se da cuenta de que esa es una posibilidad mediante una entrega de su vida a Cristo y al estar dispuesto a convertirse en lo que Cristo quiere que sea.

Cuando una persona se entrega totalmente a Cristo, Dios envía a su Espíritu Santo para fortalecer y capacitar a tal persona para cumplirlo. Las personas que deciden llegar a ser lo que el Señor quiere que sean son capacitadas para convertirse en nuevas criaturas. La Biblia enseña:

> De modo que si alguno está en Cristo, nueva criatura es; las cosas viejas pasaron; he aquí todas son hechas nuevas.
>
> 2 Corintios 5:17
>
> Amados, ahora somos hijos de Dios, y aún no se ha manifestado lo que hemos de ser; pero sabemos que cuando él se manifieste, seremos semejantes a él, porque le veremos tal como él es.
>
> 1 Juan 3:2

Debo aclarar que no me opongo a los consejeros. La Biblia enseña claramente que la consejería es un don que el Espíritu Santo da a ciertas personas para que puedan "edificar" y "levantar" a los que necesitan ayuda. Lo que me preocupa es que demasiados consejeros operan con principios y suposiciones sobre la personalidad humana que son contrarios a los trazados por la Biblia. Si un consejero cree que las personas pueden tomar decisiones que tienen la potencialidad para transformarlas en nuevas criaturas, yo lo admiro y lo aliento. Pero cuando la consejería se vuelve nada más que un análisis del pasado con la creencia de que el discernimiento de los factores que condicionan la personalidad presente lo librará en salud y felicidad, yo me opongo.

No sugiero que el pasado no influya en lo que una persona llegue a ser. Sólo digo que el pasado no determina quien sea una persona. Estoy convencido de que el pasado influye en las opciones que una persona tiene para elegir su destino. Es obvio que los antecedentes de una persona limitan lo que ella pueda llegar a ser. Sin embargo, todos tenemos opciones sin importar cuáles sean nuestros antecedentes. Siempre hay opciones de entre las que podemos escoger. En definitiva, somos criaturas de decisión a quienes Dios ha dado libertad para determinar su futuro.

La mayoría de las personas que acuden a los consejeros ya saben lo que tienen que hacer para poner en orden su vida. El consejero puede ayudar a ver las opciones con mayor claridad, pero al final el buen consejero hará conciencia en la persona de que sólo ella tiene la capacidad de tomar las decisiones que transformarán la desesperación en esperanza, la tristeza en gozo y la confusión en paz.

Por ejemplo, cuando un hombre entra en mi oficina y se lamenta:

— Doctor Campolo, no sé qué hacer. Mi vida está hecha un lío.

Pregunto tan profesionalmente como pueda:

— ¿Qué pasa? ¿Qué ha sucedido?

— Estoy casado con una mujer encantadora — me responde —, pero al mismo tiempo tengo relaciones con mi secretaria. Las amo a las dos, y no pienso que haya manera de salir de esta situación. Estoy viviendo en un infierno.

— Ese no es un problema difícil de solucionar — le respondo —. Usted tiene tres opciones. La primera es que puede deshacerse de su secretaria y ser fiel a su esposa.

— No puedo hacer eso — dice él.

— Bueno — respondo yo —, deshágase de su esposa y cásese con su secretaria.

— No puedo hacer eso tampoco.

— Bueno, puede deshacerse de su esposa y de su secretaria y comenzar otra vez en cero.

— ¡No, no! — dice él —. ¡Usted no entiende!

— No, ¡usted es el que no entiende! — replico yo —. Usted sólo tiene tres opciones. Podemos continuar hablando hasta el Día del Juicio respecto a cómo su podrida niñez provocó esa clase de problemas. Podemos hablar de la manera en que la falta de adiestramiento adecuado en el uso del inodoro creó su mentalidad infeliz. Pero ninguna de esas pláticas solucionará su problema. Usted tiene que tomar una decisión, y cuanto más rápido la tome tanto más pronto encontrará la paz y la liberación de su ansiedad. Además, de las tres opciones que le mencione, hay sólo una que funcionará, y es que se deshaga de su secretaria y se quede con su esposa. Si elige otra cosa, no estará haciendo lo que Dios requiere de usted, y va a estar enredado para el resto de su vida. Usted tiene que tomar una decisión antes de salir de aquí, y si se niega a decidir, ya habrá determinado indirectamente que seguirá siendo una persona trastornada.

Ese tipo de plática fuerte pudiera parecer "poco profesional", pero ya es tiempo de dejar de jugar con los problemas de la gente y darse cuenta de que una de las razones principales por las que está enferma se debe a que no se resuelve a tomar decisiones. Más específicamente, no está dispuesta a elegir lo que sabe que Cristo quiere que haga. No está dispuesta para lo que el Señor quiere que sea.

Ese pudiera ser su problema hoy. Puede ser que usted esté psicológica o emocionalmente traumatizado sencillamente porque se niega a tomar la decisión de hacer lo que sabe que Cristo espera de usted. Su problema pudiera estribar en el hecho de que ha sido engañado para pensar que hay alguna opción para la voluntad de Dios que le permitirá ser feliz. Quizá necesite darse cuenta de que cuando llegue el tiempo en que usted opte por vivir de acuerdo con la voluntad de Dios, entonces todas las cosas comenzarán a ayudar para bien (Romanos 8:28). Quizá deba reconocer que cuando decida respecto a su futuro, se habrá librado de ser una víctima del pasado.

Dios le concede la libertad de decidir su destino y por lo tanto le da la capacidad de transformar su presente. Usted tiene que tomar alguna decisión final. El futuro tiene que ser decidido no sólo para esta vida, sino para la venidera. ¿Cuál será su decisión? Espero que diga como Josué: "Yo y mi casa serviremos a Jehová" (Josué 24:15). Si decide en favor del Señor y elige vivir de acuerdo con su voluntad, usted habrá dado un paso gigantesco hacia el bienestar psicológico y emocional.

CAPITULO TRES

Cristo satisface nuestra necesidad de un sentido de valor personal

Entre las muchas decisiones que se deben tomar para determinar quién y qué es usted, está quién será la persona más importante de su vida. Rara vez nos damos cuenta de que las personas a quienes escogemos como las más importantes de nuestra vida influyen en lo que somos y en lo que llegamos a ser.

Charles H. Cooley, uno de los científicos sociales modernos más importantes, y decano de la sociología norteamericana, desarrolló el concepto de la "personalidad espejo". Cualquiera que haya tomado un curso de sociología, por muy elemental que sea, conoce ese concepto primordial de la comprensión humana. El postulado de Cooley se formula de esta manera: el concepto que una persona tiene de sí misma está determinado por lo que considera que las personas más importantes de su vida piensan de ella.

Por ejemplo, si creo que la persona más importante de mi vida piensa que soy el tipo mejor parecido del pueblo, no pasará mucho tiempo antes que comience a pensar que soy el tipo mejor parecido del pueblo. Eso podrá ser difícil de creer para muchos, ya que tengo doble papada y soy calvo. Pero a los que no son calvos les digo que nadie corona de mármol el mueble barato. Además, me gustaría señalar que a todos al nacer se nos dio cierta cantidad de hormonas, y si algunos las quieren usar para que les crezca el pelo, ese es asunto suyo. No importa si el resto del mundo no cree que yo sea bien parecido, porque mi esposa sí lo cree, y ella es mucho más importante para mí que cualquiera que lea este libro. Ella influye en lo que yo pienso de mí mismo más de lo que yo considero que los demás piensan de mí.

En nuestros primeros años, nuestra madre es probablemente la persona más importante en nuestra vida. Por lo tanto, nuestro concepto de sí mismo y nuestro sentido de valor personal por lo general está determinado por lo que nuestra madre piensa de nosotros.

Crecí en un lugar donde éramos una minoría, puesto que soy italiano, y en el oeste de Filadelfia la mayoría de la población era judía o negra. Por consiguiente, yo era el muchacho que quedaba fuera de grupo. Mis recuerdos más remotos del vecindario son respecto a la manera en que los muchachos judíos siempre me sorprendían. Ellos eran muy emprendedores y seguros de sí mismos. Usted podrá decir lo contrario, pero le aseguro que los muchachos judíos son más listos que los demás. De la manera en que me parecían las cosas entonces, no cabe duda alguna. Los niños judíos lograban los mayores éxitos en la escuela.

Aún en la vida adulta los judíos parecen ser mejores triunfadores que el resto de nosotros. Producen más ganadores del Premio Nobel per cápita que cualquier otro grupo étnico. Son personas talentosas en todos los sentidos. Parecen ocupar la cima en todas las profesiones. Si quiere encontrar la razón de ese éxito y esos logros, le insto a prestar atención especial a las madres judías. Las madres judías han recibido el más fuerte embate de muchos y malos chistes. Se les ha llamado agresivas, tiránicas y un sinnúmero de otras cosas poco halagüeñas. Pero yo no acepto esos juicios. Creo que las madres judías están entre las mejores. Su ambiente cultural las ha adiestrado para ayudar a sus hijos a sacar el máximo provecho de su potencialidad. Las madres judías son estupendas. Su cultura ha inculcado en la maternidad la idea de que la responsabilidad primordial de una madre es fortalecer a su hijo y hacerlo sentirse especial. Por lo tanto, los niños judíos crecen pensando que son maravillosos.

Había un niño judío llamado Alberto Finkelstein que vivía en mi vecindario. Por lo general íbamos juntos a la escuela. Un día, cuando salíamos de mi casa, me dijo: "¿Sabes cuál es la diferencia entre mi madre y la tuya? Cuando salimos de mi casa, mi madre dice: 'Alberto, ¿llevas tus libros?' y cuando salimos de tu casa, tu madre dice siempre: 'Tony ¿llevas tu merienda?' "

Esa es la diferencia. Los italianos engordamos más y los judíos se vuelven cada vez más listos.

El niño judío típico crece oyendo a su madre decir que él es talentoso, guapo y capaz de hacer grandes cosas. Ese niño puede descarriarse y perder el primer grado; eso no lo altera ni cambia su opinión. La madre judía se encoge de hombros y dice: "Eso sólo demuestra que no saben educar a un genio en esa escuela."

Como la madre judía piensa que su hijo es inteligente y hermoso, su hijo acogerá esa opinión. Por consiguiente, el hijo comenzará a pensar de sí como su madre piensa y comenzará a definirse a sí mismo como inteligente y hermoso.

El efecto positivo de la imagen propia creada por la madre judía va más lejos. Según las expectativas de la mayoría de los científicos sociales, el hijo probablemente llegará a ser lo que él piensa que es. Algunos psicólogos le llaman a eso la "profecía de la propia realización". Quiere decir que si el hijo piensa que es inteligente y capaz de grandes cosas, probablemente llegará a ser brillante y hará grandes cosas. Si eso es cierto, no es de extrañar que los niños judíos a menudo lleguen a lograr grandes cosas cuando son adultos. Sencillamente viven de conformidad con la imagen positiva de sí mismos que ha sido creada por sus padres.

Creo que sería maravilloso si todas las madres tomaran una página del manual de las madres judías acerca de la crianza de los hijos e hicieran que sus hijos se sintieran estupendamente respecto a sí mismos. Es lamentable que muchos padres arruinan a sus hijos y les impiden realizar su potencialidad porque constantemente los degradan, criticándolos de tal manera que los hacen sentir sin valor. Algunos padres tienen miedo de que si alaban a sus hijos, estos se volverán egoístas con cabezas infladas. Piensan que pueden sacar mayores logros de sus hijos si se abstienen de aprobarlos por su trabajo. Desdichadamente, esos padres se abstienen de la afirmación y la alabanza que es tan esencial para el desarrollo en sus hijos de la imagen positiva de sí mismos. Casi en todas partes me encuentro con personas que tienen un concepto despreciativo de sí mismas porque sus padres no les hicieron creer que eran personas hermosas capaces de grandes cosas.

El principio de la "personalidad espejo" de Cooley opera en todas las etapas de la vida. No se detiene cuando llegamos a la adolescencia y a la vida adulta. Un joven de mi iglesia fue a jugar baloncesto bajo la dirección de uno de los entrenadores más grandes de los Estados Unidos. Me interesó mucho descubrir qué era lo que ese entrenador tenía que lo hacía tan especial y que lo capacitaba para producir tantos equipos campeones. Le pregunté al joven cómo era jugar bajo la dirección de esa legendaria figura deportiva.

"Es increíble jugar para él — dijo mi amigo —. Constantemente se esforzaba por hacer que todos sus jugadores se sintieran bien consigo mismos. Durante el juego parecía prestar mayor atención a los que estaban en el banco que a los que jugaban. Siempre estaba hablándonos a los que estábamos en el banco y diciéndonos lo importante y lo grande que éramos como jugadores. Cada vez que fallaban la canasta, me codeaba y decía: '¡Si tú estuvieras allí, habrías anotado ese punto!' Un pase se iba desviando y él decía: 'Tú nunca desperdiciarías un pase como ese.' Una jugada se enredaba y él gritaba: 'Oh, cómo necesitamos un jugador como tú en este juego. Eso es lo que necesitamos, alguien como tú en la cancha.' Continuaba así durante todo el juego. Para cuando terminaba, yo me sentía tan buen jugador que nunca se me ocurría preguntar: 'Entrenador, si soy tan bueno, ¿por qué no me pone a jugar?'

"Recuerdo la primera vez que entré en la cancha en un juego entre universidades. Era contra la Universidad de Michigan. Me preguntaba si estaría demasiado nervioso para jugar y demasiado asustado para funcionar. Pero cuando entré en la cancha, sentí una sola emoción. Era lástima. Lástima de los jugadores de Michigan. Mi entrenador me había hecho a mí y a los demás tan seguros de nosotros mismos y tan convencidos de que éramos los jugadores más grandes que jamás habían puesto un pie en esa cancha de baloncesto, que sabíamos que echaríamos a pique a la Universidad de Michigan. Me di cuenta de que esos pobres jugadores habían invitado a sus madres y amigas al juego, y estábamos a punto de destruirlos. Mis sentimientos probaron ser ciertos; hicimos precisamente eso. Derrotamos a la Universidad de Michigan sólidamente. Jugué bien y con confianza. Creo que todo se debió a que mi entrenador me hizo creer que yo era un gran jugador y me pareció natural que jugara bien."

Ese es sólo otro ejemplo de cómo el concepto de sí mismo de una persona y su capacidad de actuar con éxito están determinados por lo que considera que la persona más importante en su vida piensa de ella. La imagen propia positiva que la persona desarrolla en su relación con quien es más significante en su vida puede tener efectos positivos fantásticos. Sin embargo, es fácil señalar ocasiones en las que la imagen propia que se tiene de la persona que se estima más importante en la vida no era muy buena. Y los efectos de una mala imagen propia pueden ser devastadores.

Un día estaba en la playa con mi esposa, un amigo y su esposa. Estábamos sentados conversando cuando pasó una joven vestida con un simple *bikini*. Mi amigo la miró, me dio un empujoncito y me dijo: "¡Mira, Tony, mira eso! ¡Eso sí es algo tremendo!"

Resistí un fuerte deseo de darle un puñetazo en la boca. Estaba enojado con la observación acerca de la mujer que era veinte años más joven que él. Sentí que cuando él dijo "eso sí es algo tremendo", indirectamente estaba diciéndole a su esposa de cuarenta años: "Tú no eres nada."

Usted podrá replicar que su esposa probablemente no tomaría esa observación de la misma manera, a lo que yo respondo preguntando: ¿Y por qué no? Me pregunto cómo se sentiría un esposo si cada vez que un mozo bien formado caminara por la calle su esposa le llamara la atención y dijera: "¡Ah, mira eso, mira eso! ¡Quisiera tener un muchacho con esa forma!" Pienso que la mayoría de los hombres se pondrían furiosos. No creo que podamos soportar esa clase de humillación.

Estoy convencido de que esas degradaciones no tan sutiles son las responsables de mucho adulterio que ocurre en nuestra sociedad. Si un esposo rebaja a su esposa y la hace sentir como una tonta, ella se vuelve fácil de seducir. Lo único que es necesario para que caiga en una aventura sexual destructiva es que otro hombre se aparezca que la levante y le diga que ella es especial, inteligente y seductora. A causa de su deseo de establecer su valor propio, es probable que se incline hacia el otro hombre que le proporciona una imagen personal positiva. Fácilmente puede caer víctima en una relación adúltera.

Alentarnos los unos a los otros es una responsabilidad dada por Dios. La Biblia nos amonesta a practicar un ministerio de "edificación" o estímulo. Eso significa que cuando alguien se sienta abajo se supone que debemos levantarlo. Cuando se sienta como nada se supone que debemos hacerlo sentir como alguien especial. Cuando se sienta sin valor se supone que debemos hacerlo sentir infinitamente valioso.

Pocos personajes de la Biblia me inspiran tanto como Bernabé. Su nombre significa "Hijo de consolación", y seguramente que su nombre le quedaba muy bien. Se menciona sólo tres veces en la Biblia y, en cada ocasión, está alentando y apoyando a los demás. Parece estar constantemente dedicado a hacer sentir bien a otras personas respecto a sí mismas y a capacitarlas para que crean en sí mismas.

En primer lugar, vende su propiedad para que la iglesia continúe llevando a cabo su misión. El creía tanto en la obra de la iglesia que estaba dispuesto a sacrificar todo lo que tenía para impulsarla a cumplir su misión. No hay duda de que Bernabé creía en la iglesia. Por lo tanto, la iglesia podía creer en sí misma.

En segundo lugar, Bernabé ayuda a Pablo a ser aceptado por la comunidad cristiana. Por años Pablo había sido el líder de la persecución de la iglesia. Se puede justificar que la iglesia mirara a Pablo como el enemigo más prominente. Por consiguiente, cuando Pablo pasó por su notable conversión y quiso formar parte de la comunidad de creyentes, los que estaban en la iglesia recibieron la noticia con sospechas. Fueron comprensiblemente cautelosos cuando se trataba de recibir como un hermano en la fe a su antiguo enemigo. Muchos de ellos se preguntaban seguramente si Pablo no estaría simulando la conversión para poder entrar en el cuerpo de creyentes a espiar. Debieron de preguntarse si ese hombre los identificaría ante las autoridades y los marcaría para el martirio. Pero cuando nadie más creía en Pablo, Bernabé sí creyó en él. Cuando nadie más vio la potencialidad de Pablo, Bernabé sí la vio. Todos debiéramos preguntarnos si Pablo se habría convertido jamás en el gran líder seguro de sí mismo que fue si Bernabé no lo hubiera animado y creído en él y así hecho posible que creyera en sí mismo.

La tercera referencia a Bernabé en la Biblia es cuando se encuentra ayudando a un Juan Marcos — quebrantado, desalentado y humillado — a salir del desprecio de sí mismo y alentándolo para alcanzar la grandeza.

En el primer viaje misionero, Pablo, Bernabé y Juan Marcos partieron de Antioquía para predicar el evangelio a través del mundo hasta entonces conocido. El viaje se volvió muy difícil; se levantó una persecución tremenda. Hubo naufragios, enfermedades y tantos problemas que finalmente Juan Marcos se dio por vencido. No podía hacerle frente; desertó por miedo y regresó a Antioquía humillado y hecho un fracasado. De cualquier manera Juan Marcos era una persona derrotada.

Cuando Pablo y Bernabé regresaron más tarde a Antioquía, Juan Marcos pidió que le dieran una segunda oportunidad. Suplicó a sus hermanos en la fe y explicó que estaba verdaderamente arrepentido por lo que había hecho. Prometió ser más resoluto en el futuro. Casi lo podemos oír: "Por favor, Pablo, dame otra ocasión. Llévame en el siguiente viaje misionero. Dame una oportunidad más. Prometo no fallarte." Pero Pablo no quiso.

Rechazó las súplicas de Juan Marcos. Era el mismo Pablo que después escribió: "Si alguno fuere sorprendido en alguna falta, vosotros que sois espirituales, restauradle con espíritu de mansedumbre, considerándote a ti mismo, no sea que tú también seas tentado" (Gálatas 6:1). En este caso en particular tendríamos que decir que Pablo no practicó lo que predicaba. Gracias a Dios que Bernabé sí lo practicaba. Podemos imaginarlo poniendo su brazo alrededor de Juan Marcos y diciendo: "Vamos, no lo escuches. Pablo tiene su lado desagradable. Sé que tienes un gran futuro en la obra del reino de Dios y creo que Dios hará grandes cosas por medio de ti. Si Pablo no te lleva en el próximo viaje misionero, tú y yo iremos juntos y él se puede llevar a un compañero nuevo, Silas."

Y así fue; Pablo llevó a Silas y Bernabé a Juan Marcos. Se fueron por caminos diferentes. Bernabé y Juan Marcos tuvieron un espléndido trabajo misionero. Los historiadores de la iglesia dicen cosas maravillosas de ellos. Pero quizá lo que sea más importante es que Juan Marcos escribió más tarde uno de los cuatro evangelios. Nada de eso habría pasado si Bernabé no hubiera sido el Hijo de consolación. Marcos se habría perdido para la obra de la iglesia si Bernabé no lo hubiera capacitado a creer en sí mismo y a volver a ganar un sentido de valor personal.

Cuando la Biblia menciona a Bernabé, dice que era "varón bueno, y lleno del Espíritu Santo y de fe. Y una gran multitud fue agregada al Señor" (Hechos 11:24). ¡Qué epitafio más hermoso! ¿No le gustaría que así se escribiera en su lápida cuando entre en su descanso eterno? No hay razón por la que esas palabras no estén en su lápida. Dios lo ha llamado a usted a ser como Bernabé: un hijo de consolación, una persona que estimula en otros la capacidad de creer en sí mismo. Dios quiere que usted sea la clase de persona que hace que todas las personas que encuentre se sientan gloriosamente maravillosas, seguras de sí mismas y valiosas.

Usted me dirá: "Tony, estoy dispuesto a ser un Bernabé para los demás, pero primero necesito que alguien lo sea para mí. No tengo a nadie que me levante y me haga sentir bien conmigo mismo. No hay nadie en mi vida que de veras crea en mí y me haga sentir especial."

A eso sólo puedo responder diciéndole que haga a Jesucristo la persona más importante en su vida. Recuerde que su concepto de sí mismo será determinado en definitiva por lo que usted considere que la persona más importante en su vida piensa de usted, y si permite que Cristo sea esa persona, usted probablemente desarrollará una imagen propia muy positiva.

Jesús enseñó que usted debe amarlo a El más que a su madre y a su padre. El espera que usted lo considere con tanta importancia y amor que ninguna otra relación pueda ser capaz de compararse con la que tiene con El. Usted tiene que ser capaz de decir en las profundidades de su ser que El tendrá la preeminencia sobre todos los demás. Tiene que estar dispuesto a decir: "Para mí el vivir es Cristo, y el morir es ganancia" (Filipenses 1:21). El lo levantará cuando esté abajo. El cree en usted. El quiere hacerlo sentirse especial.

Decir "yo creo en Jesucristo" no es suficiente. Tiene que estar dispuesto a reconocerlo como la persona más importante de su vida. Tiene que estar dispuesto a decir: "Haré lo que El quiera sobre todas las cosas y sobre todas las exigencias que otros hagan de mí."

Si toma esa decisión, tengo para usted grandes noticias: le puedo prometer una imagen personal muy positiva. Cuando Cristo es la persona más importante de su vida, pronto llegará a definirse de la misma manera que Cristo lo define a usted. Comenzará a considerarse como El lo considera a usted. Y hay más noticias buenas: ¡Cristo piensa que usted es estupendo! El piensa que usted es extraordinario. De veras.

Usted dice: "Yo no, Tony. Usted no me conoce o no conoce el pecado de mi vida. Hay cosas que jamás le puedo decir. Si las supiera, harían que me mirara con desprecio."

Podemos comparar historias de horror. Usted me diría lo podrido que es y yo lo podrido que soy, e intentaríamos ver quién es el peor de los dos. Ambos podríamos terminar en la desesperación. Pero eso no es lo que Cristo quiere que hagamos. El quiere que nos demos cuenta de que una vez que lo aceptamos como nuestro Salvador y Señor, estamos delante de El como personas perfectas. ¡Seguro! Cuando Cristo me mira a mí, El no ve nada malo conmigo del todo. En las palabras de la Biblia, estoy "vestido de su justicia". La Biblia dice que mi pecado es quitado. Es sepultado en lo profundo de la mar; no es recordado más.

El otro día estaba leyendo el libro de Hebreos y varias veces encontré la frase "y nunca más me acordaré de sus pecados". En la cruz, Jesucristo tomó su pecado y el mío y dijo: "Es mío." Allí en el Calvario, dice la Biblia, "al que no conoció pecado, por nosotros lo hizo pecado". El olvido de Dios es una doctrina neotestamentaria que no se predica lo suficiente. Dios olvida. El no sólo envió a su Hijo para ser castigado por nuestros pecados. El no sólo nos perdona por causa de lo que su Hijo hizo en el Calvario, sino que Dios olvida los pecados que hemos cometido.

Me alegro de que mis pecados no sean recordados. No me gustaría ir al cielo si lo fueran. ¿Le gustaría a usted? Me imagino acercándome al trono del juicio y al Señor que dice: "Campolo, te hemos estado esperando. ¡Pedro! Tráeme el libro de Campolo." Y Pedro dice: "Señor, no es un libro, es una biblioteca lo que tenemos sobre este individuo." No sé si hay un libro de Campolo en el cielo;

pero si lo tienen, y si un día lo abren, sólo cosas buenas estarán apuntadas en él. Si usted pregunta por todas las cosas malas que haya hecho, sólo puedo volver a decirle que han sido borradas, sepultadas en lo profundo del mar; olvidadas para siempre. Pues esas son buenas noticias y son ciertas para usted también. Si permite que Cristo sea su Salvador, El tomará sus pecados sobre sí y soportará el castigo por ellos. El lo perdonará y se olvidará de que usted haya pecado jamás.

Cuando yo era niño y asistía a la escuela bíblica de vacaciones, la maestra nos enseñó el significado de la palabra "justificación". Ella me explicó que justificación significaba ¡como si nunca hubiera pecado! Los años han pasado desde esa sencilla lección bíblica. He leído infinidad de libros, he estudiado la Biblia en sus idiomas originales y he explorado el significado de esa palabra en discusiones con teólogos. Pero cuando todo se ha dicho y hecho, tengo que admitir que nada de lo que he oído jamás ha mejorado el sencillo enunciado de esa maestra de la escuela bíblica de vacaciones.

Si Cristo es la persona más importante de su vida, usted está justificado. Eso significa comparecer ante Dios como si nunca hubiera pecado. Esa es la noticia increíble que quiero que comprenda.

Además, Cristo no sólo lo ve justificado; también lo ve como teniendo una potencialidad tremenda. Tal vez piense que nunca llegará a ser mucho, pero El sí. Quizás usted no piense de sí mismo como alguien especial, pero El sí lo considera una persona especial. Para emplear el lenguaje bíblico, por medio de El usted puede llegar a ser abundantemente más de lo que pudiera esperar o pensar jamás. El tiene grandes expectativas de usted y sabe que está destinado para la grandeza. El le ha dado dones que usted ni sabe que los tiene. El cree que usted puede lograr más de lo que su imaginación más extravagante pudiera llegar a comprender. El que creó el universo piensa que usted es estupendo. El cree que es tan valioso que en cuanto a El se refiere, si usted fuera la única persona que haya vivido jamás y nadie más haya venido después, El hubiera estado dispuesto a morir por usted.

No sé lo que se hace en el cielo, pero creo que Dios debe de estar actuando como un Padre orgulloso de su hijo. Probablemente tenga un retrato de usted, y cada vez que habla con los arcángeles entrelaza la conversación con frases respecto a usted. Me lo puedo imaginar mostrando su fotografía a los ángeles y diciendo: "¿No creen que mi hijo es hermoso? ¿No creen que es maravilloso? Creo que mi hijo va a crecer y a hacer cosas grandes en el mundo." Cada vez que me encuentro con alguien que tiene complejo de inferioridad, sé que esa persona no tiene una relación cercana con Cristo. ¿Cómo puede creer cualquiera que es inferior o sin valor cuando el Rey de reyes y el Señor de señores ha declarado que esa persona es infinitamente valiosa para El? Cuando alguien se rebaja y dice: "Dios no me ama", siento deseos de gritarle: "¿Quién se cree usted que es? ¿Qué le hace creer que sea diferente al resto de nosotros? Si Dios ama a cada ser humano infinitamente, entonces El lo ama a usted infinitamente. No tiene ningún derecho de decir: 'Soy la excepción.' " Además es arrogancia decir que lo que he hecho y lo que yo soy sea mayor que la capacidad de Dios para amar. Todo lo que puedo decir es: "De ninguna manera. Dios ama infinitamente y hasta lo sumo. El lo ama y cree en usted aunque se niegue a aceptar esas verdades."

Algunos creyentes confunden la humildad con el complejo de inferioridad. Dios espera que seamos humildes, no que tengamos complejo de inferioridad. Una persona que continuamente dice: "No soy bueno; hay tanto pecado en mi vida que el Señor nunca me podría usar porque no he alcanzado el nivel de espiritualidad necesario para ser un verdadero siervo del Señor", aparenta ser religioso aunque de una manera falsa. Parece que dice; "¿Ven lo humilde que soy?"

Siento deseos de responderle: "Parece muy orgulloso de su humildad."

Dios no quiere que participemos en tales juegos manipuladores. El nos llama para que afirmemos nuestra identidad como hijos suyos. El quiere que reconozcamos nuestro valor infinito.

Fred Craddock, un profesor del Seminario Teológico de Phillips, cuenta la historia de un encuentro que causó una profunda impresión en él y que nos proporciona una poderosa ilustración de la manera en que el valor propio de una persona puede cambiar cuando se da cuenta de que es hijo de Dios.

El profesor Craddock estaba de vacaciones en Gatlinburg, Tennessee. El y su esposa estaban sentados a la mesa en un restaurante cuando un anciano se les acercó y les preguntó:

— ¿Cómo están? ¿Están disfrutando de su tiempo? ¿Están de vacaciones?"

— Sí — dijo el profesor Craddock —, estamos de vacaciones y, sí, estamos disfrutando de este tiempo.

— ¿Qué hace para ganarse la vida? — preguntó el anciano.

El profesor Craddock, queriendo deshacerse de él y volver a la conversación privada que sostenía con su esposa, respondió:

— Soy profesor de homilética. Estaba seguro de que un título así ahuyentaría al intruso inoportuno. Pero no fue así.

— ¡Ah, es un predicador! — dijo el anciano —. Voy a contarle una historia de predicadores.

Pareciera que todo el mundo sabe historias de predicadores, y el profesor Craddock no quería oír otra. Pero antes que pudiera hacer nada, el anciano había arrimado una silla a la mesa y comenzó a contar su historia.

— Soy hijo ilegítimo — dijo él —. Nunca supe quién era mi padre y fue duro para mí. Los muchachos en la escuela me ponían apodos y se burlaban de mí. Cuando caminaba por la calle principal de nuestra aldea, sentía como que la gente me miraba fijamente y se hacía esa terrible pregunta: '¿Quién será el padre de ese muchacho?' Pasaba mucho tiempo solo y no tenía amigos. Un día un predicador nuevo vino al pueblo y todo el mundo decía que era muy bueno. Yo nunca antes había ido a la iglesia, pero un domingo pensé que iría a oírlo predicar. Era un buen predicador. Seguí yendo. Cada vez llegaba tarde y salía temprano para no tener que hablar con nadie. Entonces, un domingo, estaba tan extasiado con el mensaje del predicador que se me olvidó salir, y antes de percatarme de lo que estaba sucediendo, él pronunció la bendición y terminó el culto. Intenté salir de la iglesia, pero la gente había llenado ya los pasillos y no podía pasar. De repente, sentí una mano pesada en el hombro. Cuando me di vuelta, el predicador alto y grande me estaba viendo desde arriba y preguntando: '¿Cómo te llamas, muchacho? ¿De quién eres hijo?' Temblé cuando él hizo la pregunta. Pero antes que yo pudiera replicar nada, él dijo: 'Yo sé quién eres. Sé quien es tu familia. Hay un parecido de familia distintivo. Pues, eres el hijo . . . eres el hijo . . . ¡eres hijo de Dios!' ¿Sabe una cosa, señor? ¡Esas palabras cambiaron mi vida!

El anciano se levantó y se fue, y la camarera se acercó y preguntó:

— ¿Sabe quién es él?

— No — respondió el profesor Craddock.

— Es Ben Hooper. Dos veces gobernador de Tennessee.

Un hombre supo que era hijo de Dios y cambió la manera de verse a sí mismo. Las opiniones de los demás ya no podían disminuir su sentido de dignidad y valor. Cómo quisiera que todo el mundo llegara a una conciencia de que es un verdadero hijo de Dios y heredero del Rey de reyes.

> Mas a todos los que le recibieron, a los que creen en su nombre, les dio potestad de ser hechos hijos de Dios.
>
> Juan 1:12
>
> Y [nosotros somos] herederos de Dios y coherederos con Cristo.
>
> Romanos 8:17

Si puede aceptar estas verdades y aplicarlas en su vida, usted nunca volverá a tener un pobre concepto de sí mismo.

No me avergüenzo del evangelio de Cristo, porque satisface mi necesidad de una imagen positiva de mí mismo. Y si le da una oportunidad a Cristo, lo mismo será cierto para usted.

El no es un Dios que rebaja. El es un Dios que levanta y pone nuestros pies sobre la peña sólida, que nos enseña a levantar en alto la cabeza y nos llama con una voz que resuena hasta los confines del universo: "Eres estupendo para mí."

CAPITULO CUATRO

Cristo responde a nuestra necesidad de amor

Todo el mundo sabe que necesitamos amor. Nadie duda que tener y dar amor es fundamental para una vida realizada. No obstante, hay pocas personas enteradas de que nuestra sociedad tiene una perspectiva confusa del amor. La cultura popular, particularmente como se expresa en la televisión y en las películas, proyecta un panorama de novela sentimental que intenta convencer a la población de que el romance es lo único de lo que se trata el amor. En realidad, cuando se analiza cuidadosamente, se nota con claridad que el romance es tan distinto al amor, que nos hace dudar si debiéramos considerarlo siquiera como una forma de amor.

El romance es egocéntrico. Si se requiriera prueba de ello, sólo hay que prestar atención a las palabras en las canciones populares de amor. Ellas proporcionarán toda la evidencia necesaria para formar un caso sobre el egocentrismo del romance. Oigalas cuando vienen a través de las ondas radiales o en las grabaciones. Escúchelas con cuidado mientras el "artista" de *rock* masculla: "Te necesito; te deseo; no puedo vivir sin ti." El énfasis total de la canción es "yo". La frecuencia con que ocurren las palabras en la primera persona es evidencia convincente de que toda la emoción que se está describiendo no es nada más que un acto que realza y satisface el ego. A primera vista pareciera que la otra persona sea importante, cuando en realidad es la satisfacción del ego del amante que es preeminente en la letra de las canciones populares.

Repasando mi propia vida, puedo reflexionar en el egocentrismo de mis relaciones románticas. Cuando era estudiante universitario, salí regularmente con una muchacha como por un año y medio. Después de ese tiempo ella había tenido suficiente de mí, y decidió darme "calabazas". Puesto que era una universidad cristiana, creo que me puedo referir a ellas como a "santas calabazas". Yo estaba por lo menos contrariado, no tanto porque la había perdido sino porque había sido un golpe para mi ego. Me dijo que todo había terminado, y recuerdo que yo le dije:

— No me puedes hacer eso. Te necesito, te quiero; mi vida no tiene significado sin ti.

Ella respondió de una manera desinteresada:

— ¡Caramba, qué vergüenza!

Merecía la respuesta. Después de todo, la única razón que le ofrecí para que se quedara conmigo era para servir a mi propio interés.

Yo la necesitaba. Yo la quería. Estaba preocupado por lo que ella me estaba haciendo a mí. En ninguna de mis declaraciones románticas había dicho algo que expresara un interés por ella. Esa es la naturaleza del romance; es egocéntrico. Por eso es que una prominente escritora en el campo del amor y del romance sostiene que el romance ni se debiera llamar amor. En su libro *Love and Limerence*, Dorothy Tennov dice que debiéramos emplear la palabra "limerancia" (transliteración) en vez de "amor" cuando nos referimos al romance. Ella afirma que la "limerancia" es una emoción tan abrumadora que puede rendir a una persona incapaz de funcionar. Puede dejar a una persona psicológicamente desorientada, vacía del poder de concentrarse y en total desorden emocional. Sólo porque sea una emoción poderosa no significa que debamos llamar amor al romance. Tennov dice que el amor es cualitativamente distinto a la "limerancia" o al romance.

Según 1 Corintios 13, el amor no tiene ninguna de las características egocéntricas del romance:

> El amor es sufrido, es benigno; el amor no tiene envidia, el amor no es jactancioso, no se envanece; no hace nada indebido, no busca lo suyo, no se irrita, no guarda rencor; no se goza de la injusticia, mas se goza de la verdad. todo lo sufre, todo lo cree, todo lo espera, todo lo soporta. El amor nunca deja de ser; pero las profecías se acabarán, y cesarán las lenguas, y la ciencia acabará.
>
> 1 Corintios 13:4-8

Aparte de la literatura religiosa, he encontrado muchas otras declaraciones que contrastan el amor con el romance. Una de las mejores viene de un cuento de niños escrito por Marjorie Williams. Leo muchos cuentos para niños, probablemente porque no entiendo los cuentos para las personas mayores. *El conejo de pana* es mi favorito. En cierto punto del cuento se desarrolla una discusión intrigante entre un conejo de pana y un caballo de madera. La descripción del caballo de juguete de una relación de amor es tan poderosa que hace parecer superficial al romance en comparación.

> — ¿Qué es real? — preguntó Conejín un día, cuando estaban acostados lado a lado junto a la baranda del cuarto de cuna, antes que Nana viniera a ordenar la habitación —. ¿Significa cosas zumbando adentro y un asa prominente de palo?
>
> — Real no es como uno está hecho — dijo

Caballito de Piel —. Es algo que le sucede a uno. Cuando un niño te ama por mucho, mucho tiempo, no sólo para jugar, sino que REALMENTE te ama, entonces te vuelves real.
— ¿Y duele? — preguntó Conejín.
— A veces — dijo Caballito de Piel, que siempre decía la verdad —. Cuando eres real no te importa que te lastimen.
— ¿Y sucede de una vez, como cuando le dan cuerda — preguntó él —, o poquito a poco?
— No, no pasa de una vez — dijo Caballito de Piel —. Llegas a ser. Se toma mucho tiempo. Por eso no le sucede a menudo a la gente que se quiebra con facilidad o que tiene bordes filosos o que tiene que ser conservado con mucho cuidado. Por lo general, para cuando eres real, la mayor parte de tu pelo se habrá caído de tanta caricia, y tus ojos se habrán perdido y te vuelves flojo en las articulaciones y muy gastado. Pero esas cosas no importan del todo, porque una vez que eres real no puedes ser feo, salvo para la gente que no entiende.

Crecí desconociendo la distinción entre el amor y el romance. Creía, como Ezio Pinza en la zarzuela *South Pacific*, que "una noche encantada [yo] conocería a una extraña al otro lado de un salón lleno de personas, y de alguna manera [yo] sabría..." Por consiguiente, me pasé la mayoría de mis años de adolescente mirando el otro lado de salones llenos de gente. Era un norteamericano más que había aceptado el síndrome romántico y había perdido la oportunidad de apreciar el significado del amor.

El primer problema con el romance es que no es muy estable. Una persona normal tiene por lo menos seis experiencias románticas antes del matrimonio. La mayoría de nosotros tiene un ardor romántico tras otro. Esas excursiones extáticas que hacen dar vueltas la cabeza, doler el estómago y temblar las rodillas, son parte esperada en el crecimiento. Se admite que hay algunas personas que tienen una gran experiencia romántica y afirman que les dura toda una vida. Pero esas personas son pocas. Son mucho más raras de lo que los románticos norteamericanos queremos admitir. Por lo general, somos personas que nos enamoramos y desamoramos hasta que llegamos a la edad en que la sociedad dice que debiéramos estar casados. En los Estados Unidos la edad para los hombres es como de veintitrés años; para las mujeres es como de veintiún años. Por lo regular, lo que sucede es que las personas se casan con quien sea que estén románticamente relacionados durante esas edades prescritas por la sociedad para casarse.

Eso hará que la mayoría de la gente casada me pregunte: "¿Sugiere que si yo hubiera esperado diez años, pude haberme casado con una persona diferente con la que estoy casado?"

¡Probablemente sí! En esos diez años usted hubiera tenido relaciones románticas con varios cónyuges posibles. Sin la experiencia de vivir juntos en el matrimonio, usted y su cónyuge se hubieran desarrollado y cambiado en formas tan diferentes que probablemente no habrían sido atraídos el uno al otro si se hubieran conocido una década después.

Una vez casados, el romance muestra a menudo señales de declinación rápida. Según la investigación realizada por los sociólogos W.F. Nimkoff y Arthur L. Wood, el romance disminuye como en un ochenta por ciento de intensidad durante los primeros dos años de matrimonio. No nos gusta oír esas cosas y, cuando hago estas declaraciones, la gente exclama: "¡No es cierto! ¡No es cierto!" Pero sí es cierto, aunque la mayoría de la gente se niegue a admitirlo.

Aunque sucedió hace más de veinticinco años, recuerdo que le dije a mi futura esposa tres semanas antes de la boda: "Imagínate, Peg, tres semanas más y vamos a compartirlo todo. Compartiremos las cosas hermosas y las feas. Compartiremos las cosas difíciles y las fáciles. Compartiremos juntos todo lo que es la vida."

Después de veinticinco años de matrimonio, tengo que admitir que cuando mi hijo vomita a las tres de la mañana y mi esposa está limpiando la suciedad, no tengo deseos de compartir con ella. No sé cómo hace usted, pero por lo general me doy vuelta en la cama simulando que todavía estoy dormido. Por la mañana mi esposa exclama:

— ¡Bart se vomitó anoche!

Respondo con sorpresa fingida:

— ¿Cierto?

Sospecho que mi esposa me hace lo mismo cuando soy yo el que se levanta para limpiar la suciedad.

Hay otra historia que puedo contar que evidenciará la declinación de mi romanticismo. (Debo admitir que es una de mis favoritas.) Una noche venía de Nueva Jersey con mi familia de regreso a casa en Pensilvania. Estábamos cruzando el puente Walt Whitman que conduce a Filadelfia cuando de repente mi esposa, que había estado sentada en silencio a mi lado, exclamó patéticamente:

— ¡Míranos! ¡Míranos!

— ¡Estoy mirando! — respondí yo —. ¿Qué pasa?

— ¡Mira donde estás sentado!

— Estoy conduciendo el auto — respondí yo —. Cuando estoy conduciendo el auto, encuentro que es mejor sentarme detrás del volante. ¿Qué te molesta?

Ella apuntó al auto enfrente y dijo: — ¡Míralos! ¡Míralos a ellos!

Miré al auto que iba delante y el conductor parecía tener dos cabezas, y supe lo que mi esposa estaba pensando. Sin pronunciar otra palabra, crucé el puente, entré en Filadelfia y conduje a lo largo del río Schuykill hasta que encontré un lugar para estacionar el auto en uno de esos puntos especiales diseñados para las parejas. Estaba en la mismísima orilla del río. Los que estaban en los otros autos se ocupaban sin duda en el "juego del amor". (No había manera de saberlo porque todas las ventanillas estaban empañadas). Nuestros hijos todavía estaban dormidos en el asiento de atrás. Puse el seguro en las puertas del auto, apagué el motor, encendí las luces de estacionamiento, estiré los brazos y abracé a mi esposa. En la acción de halarla hacia mí, le di vuelta para recibirla en mis brazos. Lamentablemente, en el proceso se golpeó la cabeza con el volante.

— ¿Qué haces? — preguntó ella.
— Estoy mostrándome romántico — dije yo.
— Llévame a casa — respondió disgustada.
— No puedo ganar — dije consternado —. Si no soy romántico, lloras; y si me pongo romántico, te disgustas.

No me interprete mal. Sólo porque no soy del tipo que la vuelve loca no significa que no la ame. Todo lo opuesto. Hoy estoy más enamorado de ella de lo que estaba el día que me casé. Además, debo preguntarme seriamente si de veras la amaba el día de nuestra boda. Yo estaba románticamente estimulado cuando ella desfiló por el pasillo y llegó hasta mí en el altar. Pero ahora tengo que dudar si todos esos sentimientos románticos eran amor o no.

No es que yo no entienda el romance o no logre apreciar su maravilla y su emoción. Sencillamente quiero afirmar que el amor llega más profundo que el romance. Además, el lenguaje bíblico establece la diferencia. Tiene palabras distintas para el amor, y cada una de ellas tienen una connotación diferente de la experiencia emocional. Muy cerca de nuestro concepto de romance está la palabra griega *erós*. Es la palabra de donde obtenemos el término "erótico". La segunda palabra griega para amor es *phileö*. Esta segunda clase de amor es el que se desarrolla entre dos personas comprometidas con iguales metas y propósitos en la vida. Es el que surge entre personas que comparten creencias e intereses comunes. Es un amor que une a dos personas que establecen un compromiso en su vida. La tercera clase de amor del que hablan los griegos es *agapë*. Esa es una clase especial de amor que produce valor en el objeto de amor. Nos valdría la pena analizar con cierto detalle los dos últimos tipos de amor.

Platón, el antiguo filósofo griego, dijo algunas cosas interesantes acerca del amor que nos ayudarán a comprender el significado de la palabra *phileö*. El nos pide que imaginemos un triángulo. A lo largo de la base de ese triángulo imaginario, Platón pide que arreglemos todas las cosas en la vida que consideramos significativas e importantes. A medida que la base del triángulo se mueve hacia el ápice, dice él, la base se hará más y más pequeña, dejando espacio cada vez para menos cosas. Desecharemos las que sean de menos importancia para nosotros y conservaremos las que estimamos más importantes. Por último, cuando se alcanza el ápice del triángulo, hay espacio para una sola cosa. Platón pregunta: "¿Qué es lo único que usted conservará después de haber sacrificado todo lo demás?"

Si usted es cristiano, tendrá que responder; "¡Jesucristo!" Ser cristiano no es sencillamente creer en Cristo. Es poder decir: "Esta cosa haré: haciendo a un lado todo me entregaré a Cristo; me aferraré a El, aunque todo lo demás deba ser sacrificado."

Cada vez que se hace esa declaración de fe, los que no entienden la naturaleza del compromiso cristiano preguntarán: "¿Qué de su cónyuge?" Mi respuesta es que un cristiano siempre pone a Cristo en primer lugar. Eso es lo que significa ser cristiano. Por eso Jesús les dijo a sus discípulos: "El que ama a padre o madre más que a mí, no es digno de mí."

Para los que piensan que eso sea un requisito inmoral o injusto, sólo puedo decir que una persona será un mejor cónyuge si pone a Cristo en primer lugar. Los que han vivido fielmente la vida cristiana saben que una entrega a Cristo inevitablemente hace a una persona un mejor cónyuge. Si un esposo está entregado a Cristo y se está acercando a El cada día más, y la esposa de igual manera está rendida a Cristo y se acerca a El todos los días, entonces inevitablemente se acercarán cada vez más el uno al otro. Si dos personas tienen la misma meta suprema en la vida y están comprometidas con la misma realidad suprema; si ambas dan la preeminencia a Cristo en sus vidas respectivamente y se acercan a El, se unirán cada vez más.

Por esa razón la Biblia requiere que los cristianos se casen sólo con cristianos. La amonestación bíblica es: "No os unáis en yugo desigual con los incrédulos; porque... ¿qué comunión [tiene] la luz con las tinieblas?" (2 Corintios 6:14).

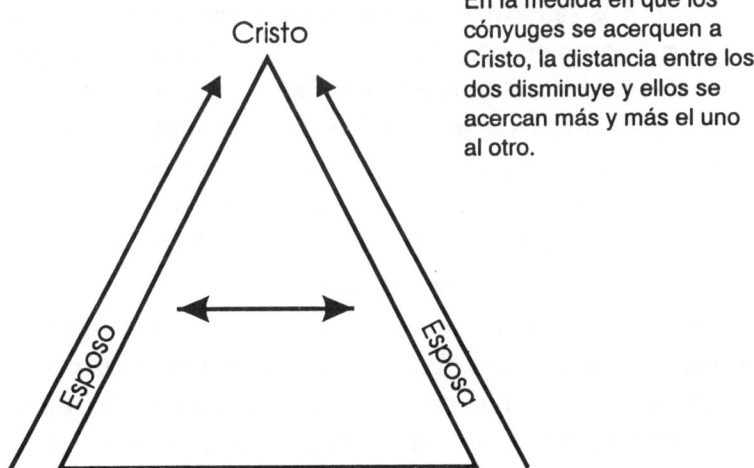

En la medida en que los cónyuges se acerquen a Cristo, la distancia entre los dos disminuye y ellos se acercan más y más el uno al otro.

Cuando el apóstol Pablo hizo esa amonestación, no pecaba de persona intolerante ni de mentalidad estrecha. Sencillamente se basaba en la premisa de que el *phileö* nunca se desarrolla entre personas que no comparten un compromiso común. Si una persona está comprometida con Cristo y la otra no, no crecerán en *phileö*. En lugar de eso, se apartarán cada vez más. Por no compartir el mismo compromiso, se distanciarán más y más con el paso de los años. Cada uno se formará un estilo de vida distinto e individualista. Aunque pudieran haber estado relacionados románticamente, nunca desarrollarán la intimidad que se promete en *phileö*. Un filósofo contemporáneo describió así dicha relación: "A él le gustaba caminar solo. A ella le gustaba caminar sola. Se casaron y caminaron solos juntos."

Si cree que caminar solos juntos es imposible, mire alrededor de usted. Verá a muchísimas parejas caminando solas juntas. Verá innumerables matrimonios en los que la esposa tiene sus intereses y compromisos y el esposo los suyos que son completamente diferentes. Nunca disputan; nunca pelean. Es porque no tienen nada por lo cual discutir y pelear. Cada uno vive en un mundo diferente. Las personas que viven en mundos diferentes no tiene puntos de conflicto o de contención. Las disputas no son necesariamente una señal de que un matrimonio tenga problemas. En realidad, los altercados ocurren a menudo entre personas que comparten metas y compromisos comunes y que tienen los mismos intereses supremos. Su participación intensiva en la misma cosa inevitablemente produce fricción.

La ausencia de amor se caracteriza más a menudo por la indiferencia que por el conflicto. La indiferencia resulta cuando las personas no tienen el mismo compromiso o los mismos intereses. Si un matrimonio ha de tener *phileö*, entonces ambos cónyuges deberán orientarse hacia las mismas metas.

Respaldo firmemente la doctrina paulina de que el cristiano no se atreva a casarse con nadie que no comparta su compromiso con Cristo. El cristiano tiene que casarse exclusivamente con otro creyente en Jesucristo.

A propósito, debo decirle que el hecho de que alguien pertenezca a la misma denominación que la suya, o a alguna otra denominación cristiana, no significa necesariamente que sea cristiano. Billy Graham sugiere correctamente que más de la mitad de los que actualmente son miembros de la iglesia nunca se han entregado a Cristo y no se justifica que sean llamados cristianos. Si usted es una persona cristiana, debe asegurarse de que su cónyuge potencial sea de veras cristiano y no simplemente miembro de iglesia. No obstante, si uno es lo suficiente afortunado para relacionarse con alguien que comparta sus convicciones, hay posibilidades para el amor que van más allá del romance de nuestra cultura. Hay esperanza para *phileö*.

La universidad de Bryn Mawr, situada cerca de mi casa, es una institución académica exclusiva para mujeres. En varias ocasiones me han invitado allí para dar conferencias especiales. Les gusta invitarme a Bryn Mawr porque soy un feminista ferviente. Mi compromiso con el feminismo les cae muy bien a esas mujeres talentosas porque a ellas, como a la mayoría de la gente, les gusta oír a los que están de acuerdo con ellas.

Una vez me pidieron que presentara un estudio crítico sobre el matrimonio tradicional. Se me pidió que valorizara la funcionalidad de la institución en el contexto de nuestra sociedad industrial moderna. Contrario a las expectativas de muchas de las mujeres que estaban en el auditorio, expresé un fuerte respaldo a los valores familiares tradicionales, sobre todo los legitimados en la Biblia. Cuando terminé, algunas de las jóvenes talentosas que habían ido a oírme comenzaron a discutir conmigo. Eran tan inteligentes y se expresaban tan bien que pronto me di cuenta de que me estaban abrumando. No había duda de que me estaban ganando en la discusión y me estaban haciendo añicos intelectuales.

Sostenían que el romance es la base suprema para las relaciones sexuales y el matrimonio. Creían que cuando muere el romance, es mejor terminar la relación para evitar que las personas se deshumanicen por vivir en lo que ellas se referían como "matrimonios de cáscara vacía". A medida que ellas se negaban a aceptar mis suposiciones *a priori* acerca de las Escrituras, me resultaba más difícil convencerlas con mis puntos de vista. Cuando estaba a punto de hundirme y sufrir una derrota total, recordé una historia que volvió la discusión a mi favor. La historia la había contado un amigo mío, miembro facultativo de un prominente seminario teológico. Una vez lo oí exponer, admirablemente y con lujo de detalle, los acontecimientos que rodearon la muerte de su madre después de cincuenta y cinco años de matrimonio. Me contó cómo ella había bajado para desayunar, había terminado de comer y de repente se había desplomado inconsciente en la silla. Su esposo corrió a su lado, la levantó en los brazos y salió corriendo de la casa. Los demás parecían paralizados por el sobresalto y el temor. Todos los vecinos sabían que algo terrible había sucedido cuando vieron a ese anciano poner a su esposa en el asiento delantero de su camión, salir de la entrada de la casa y avanzar por la carretera como un adolescente en una carrera automovilística. Cuando llegó al hospital, ella había muerto.

El día del funeral llegaron al cementerio avanzada la tarde y la sepultaron. Cuando terminó el funeral, el anciano y sus dos hijos volvieron a su casa. Se sentaron en el portal de enfrente, y por mucho tiempo conversaron y conversaron. Recordaron muchísimas historias de su madre; algunas de ellas jocosas, pero todas conmovedoras. Por la noche el anciano preguntó: — ¿Dónde está mamá ahora? ¿Qué está haciendo en este momento? ¿Cómo le irá allá arriba en el cielo?

Mi amigo y su hermano, ambos teólogos talentosos, comenzaron a especular sobre cómo era la vida después de la muerte. Trataron de imaginar lo que su madre estaría haciendo en ese preciso momento. Hicieron lo que pudieron para explicar lo que la Biblia dice sobre el cielo y la vida venidera. Contaban cosas hermosas a su padre, que escuchaba ansioso cada palabra y descripción. Sus dos hijos terminaron, habiendo agotado lo que podían imaginar, y el anciano dijo:

— Llévenme de vuelta al cementerio.

— No podemos ir ahora — dijo mi amigo a su padre —. Son más de las once de la noche. Iremos por la mañana.

— No discutan conmigo — replicó el anciano —. No discutan con un hombre que acaba de sepultar a la que fue su esposa por cincuenta y cinco años.

No discutieron más con él y lo llevaron al cementerio. Con una linterna el anciano examinó la tumba de su esposa. Se aseguró de que las flores estuvieran arregladas exactamente como ella las quería. Pasó los dedos sobre la inscripción de la lápida. Entonces se irguió y dijo:

— Han sido cincuenta y cinco buenos años y, además, terminó como yo quería. Muchachos, me alegro de que ella se fuera primero.

Creo saber lo que quiso decir con eso. Cuando dos personas pasan toda una vida juntos en una entrega común a Cristo, cuando se aman con *phileö*, cuando comparten metas y propósitos comunes, quieren que el otro sea el que muera primero. Cada uno quiere que el otro no sufra el dolor y la agonía de enterrar a su cónyuge. Cada uno quiere que el otro sea protegido de la soledad que se produce al quedarse atrás. Es fácil entender por qué el anciano dijo: "Terminó como yo quería; ella murió primero."

El anciano se apartó de la tumba y puso los brazos alrededor de sus dos hijos. Los acercó a él y dijo:

— Podemos ir a casa ahora; podemos ir a casa. Ha sido un buen día.

Mis cínicas amigas guardaron silencio. Estaban visiblemente conmovidas por la historia. Aproveché su silencio y dije: "No es posible que ustedes y su romanticismo entiendan lo que pasaba entre esas dos personas durante cincuenta y cinco años. Quizás hasta hubieran juzgado su relación desprovista de sus expectativas de erotismo. Pero sospecho que esos dos ancianos tenían una profundidad en su relación que hace a su romanticismo superficial por comparación."

Supe que había ganado. La discusión había terminado. Habían tenido un vistazo de *phileö*, la clase de amor que se desarrolla entre personas que comparten las mismas metas y propósitos en la vida, la clase de amor que hay entre personas que hacen una entrega común a Cristo. Y ellas reconocieron que era superior a *erós*.

El Señor nos invita a probar esa clase de relación, que hace que el romance, al que nuestra sociedad le hace tan exagerada propaganda, parezca superficial por comparación. ¡*Phileö*! ¿Por qué ha de conformarse cualquiera con el romance cuando hay la posibilidad de conocer el *phileö*?

Agapë es la tercera clase de amor que los griegos describen. *Agapë* es tan extraordinario e irresistible que es difícil de definir. Quizás sólo los que se han rendido completamente a Dios pueden comprender el significado del amor *agapë*. Es un amor que Dios mismo genera en la vida de su pueblo. Cuando usted se rinda a Dios y ore para que el Espíritu Santo entre en su vida, comenzará a sentir esa tercera clase de amor. Cuando Dios toma posesión de su persona, cuando su Espíritu entra en su alma, se creará en usted un amor que no es posible conocer para los que resisten a Dios. Cuando uno se entrega al Espíritu de Dios, se percibe a *agapë* con todo su poder y gloria.

Agapë es amor creador de valores. Hace precioso el objeto de amor. *Agapë* no considera si la persona amada es atractiva o digna de amor. Al contrario, la persona pasa a ser atractiva y digna porque es amada. Para decirlo en lenguaje sencillo, si yo la amara porque sea preciosa y hermosa, eso es *erós*. Pero si es preciosa y hermosa porque yo la amo, eso es *agapë*.

Creo firmemente que Dios se expresa de una manera exclusiva en cada ser humano. Estoy convencido de que cada persona es una revelación especial de Dios. Por consiguiente, mi relación con mi esposa está condicionada por esa verdad. Encuentro a Dios revelado en ella de una manera extraordinaria. No hay otra persona en el tiempo y la historia que me pueda revelar a Dios de la manera especial que lo hace ella. Es como ninguna otra, porque ninguna otra me puede dar a Dios como ella. Así que mi esposa es infinitamente única para mí y su singularidad le permite amarme, y me permite amarla, de una manera que sería imposible si yo estuviera casado con otra persona.

Cuando mi hijo Bart era un niñito, tenía una frazada favorita. Muchos niños pequeños se apegan a su frazada o a su almohada. Bart amaba tanto la suya que le era difícil dormirse sin sentirla pegada a su mejilla. El había establecido una relación "íntima" con la frazada. Hasta le había puesto un nombre: Gog. Si no estaba en su lugar, él se agitaba. Si se perdía, él se desesperaba. Cuando se lavaba a Gog, el lloraba por ella. Resolvimos este último problema partiéndola a la mitad para darle un pedazo mientras se lavaba la otra.

Una noche la familia viajaba de regreso a casa después de una conferencia, y Bart iba en el asiento trasero. Estaba cansado y por consiguiente irritable. Comenzó el lloriqueo que es tan característico en los niños cansados. Le dije a mi esposa:

— Dale a Gog.

— Yo no la tengo — respondió mi esposa —. ¿No la tienes tú? ¡Lo último que te dije cuando salimos de casa fue que empacaras a Gog!

Ese no era tiempo de discutir con mi esposa. Era hora de unirnos contra el enemigo común en el asiento de atrás. Supimos que íbamos a pagar con una hora de comportamiento insoportable. En ese momento con gusto habría dado cincuenta dólares a cualquiera que pudiera producir a Gog inmediatamente, para silenciar a mi hijo.

Fijándonos en Gog, no veríamos ningún valor intrínseco en ella. Lo cierto es que cuando recibíamos visitas siempre intentábamos esconderla. Porque la frazada se había deteriorado tanto que había llegado a ser un trapo viejo; para decirlo de una manera objetiva, Gog no servía para nada. No obstante, Gog tenía un valor fantástico para nosotros, valor que Bart le había dado. Su afecto por la frazada la había hecho valiosa, no sólo para él, sino también para todos nosotros que lo amábamos a él. Como algo así es el amor *agapë*. El objeto de amor pudiera no valer. Pero se crea el valor en virtud de que se ama el objeto. El amor *agapë* es incondicional. No tiene que conquistarse. Se da aun cuando no se merezca, y de esa manera nos ama Dios y se supone que así debemos amarnos unos a otros.

Un ejemplo admirable del amor *agapë* ha sido enunciado por Lorraine Hansberry en su poderosa obra de teatro, *A Raisin in the Sun* (Una pasa al sol). El drama es acerca de una familia negra que reside en el sur de Chicago. Muere el padre, dejando una pequeña herencia como resultado de una póliza de seguros. Creo que la familia recibe diez mil dólares. La madre quiere usar el dinero para realizar uno de sus sueños dorados. Se imagina mudando a su familia a una casita al otro lado de la ciudad. Sueña con una casa de un solo piso, con persianas y maceteras llenas de flores en las ventanas. Esas maceteras llenas de flores en las ventanas habían llegado a simbolizar la felicidad que ella creía que una casa así le daría a ella y a su familia.

El problema es que el hijo quiere el dinero para establecer un negocio. El joven nunca ha tenido una oportunidad. Nunca ha tenido un golpe de suerte ni un trabajo. Ahora tiene un amigo que le ofrece un "trato". Ese amigo convence al hijo de que con ese trato pueden comenzar un negocio juntos que les daría muchísimo dinero. Entonces el hijo podría hacer buenas cosas para su familia. El siempre había querido hacer buenas cosas para su familia.

El suplica y ruega patéticamente por el dinero. Al principio su madre se niega a dárselo, pero finalmente reconoce que tiene que ceder. ¿Cómo negar a su hijo que nunca ha tenido una oportunidad de hacer algo que valga la pena en su vida? ¿Cómo volver la espalda a sus súplicas por una oportunidad de hacer algo para la familia? Ella pone en sus manos más de la mitad del dinero, y usted se puede imaginar lo que sucede después.

La familia está reunida en el hogar cuando otra víctima del estafador pasa adentro y revela las noticias de que el "amigo" del hijo ha robado el dinero y se ha ido del pueblo. Cabizbajo y con los hombros hundidos, el hijo confiesa toda la historia. Su hermana, Beneatha, no se hace esperar para arremeter contra él verbalmente. Lo hace trizas. Vierte su desprecio por él. Lo condena por haber sido tan tonto. Le grita por haber perdido, para todos ellos, la única ruta de escape del infierno en que han vivido por años. Cuando termina su diatriba, la madre habla:

— Creí haberte enseñado a amarlo.

Beneatha grita su respuesta:

— ¿Amarlo? No hay nada que amar.

Entonces la madre dice:

— Siempre queda algo para amar. Y si no has aprendido eso, no has aprendido nada. ¿Has llorado hoy por ese muchacho? No por ti misma y la familia porque perdimos el dinero. Quiero decir por él; por lo que ha pasado y por lo que le han hecho a él. Hija, ¿cuándo piensas que es tiempo para amar más a alguien; cuando ha hecho bien y ayudado a todo el mundo? Pues entonces, no has terminado de aprender; porque ese no es el tiempo en absoluto. Es cuando se siente más bajo y no puede creer en sí mismo porque el mundo le ha dado una paliza. Cuando comiences a medir a alguien, mídelo correctamente, hija, mídelo correctamente. Asegúrate de tomar en cuenta los montes y los valles por los que ha pasado antes de llegar a donde está.

Ese amor es *agapë*. Ese es el amor que mana aun cuando no es merecido. Esa madre en la pieza de teatro nos muestra algo del amor de Dios.

Dios lo ama cuando usted ha hecho bien. Se complace cuando usted ha realizado algo de valor. Pero las buenas nuevas son que El lo ama aun cuando no haya hecho bien. El lo ama aun cuando haya cometido errores. Lo ama cuando ha hecho cosas terribles. Lo ama aun cuando haya hecho lo más despreciable que se pueda imaginar. A pesar de cualquier cosa que usted pueda haber hecho, Dios todavía lo ama. A pesar de lo que usted sea, Dios todavía lo ama. Ese es el *agapë*. El amor *agapë*, a diferencia de *erós*, es sumamente estable. Es un amor que nunca acaba, que nunca titubea o, para emplear las palabras del apóstol Pablo en 1 Corintios 13, "el amor [que] nunca deja de ser". Lo que es igualmente significativo es que ese amor *agapë* de Dios puede fluir por medio de una persona para llegar a la vida de los demás. Cada uno de nosotros es capaz de convertirse en un conducto por medio del que el amor de Dios es "derramado" para que otros lo sientan.

Esa verdad ha afectado significativamente mi relación con mi esposa. Como mencioné al principio, fui "estimulado" románticamente poco después de conocerla. *Erós* me llevó al matrimonio. Sin embargo, *erós* no hubiera sido suficiente para sostener el matrimonio. Ha sido *agapë* el que lo ha hecho. Dios amando a mi esposa por medio de mí es lo que me ha mantenido cerca de ella a lo largo de los años. Como la mayoría de otras personas, he estado consciente de posibles "estímulos" eróticos hacia otras mujeres que encuentro. Pero el amor *agapë* de Dios me mantiene fiel a mi esposa.

Imagínese que yo estoy comenzando el día en el trabajo. Llego a mi oficina. Saco mi material de investigación y lo extiendo por todo el escritorio. Entonces entre mi ayudante de investigación, la vivaz y bien proporcionada Jane. El *clic clic* de sus tacones altos se oye en el piso de ladrillo mientras se acerca presurosa a mi escritorio.

— Buenos días, doctor Campolo — sonríe rebosante —. ¿Hay algo que pueda hacer por usted esta mañana?

No sé cómo responder a esa pregunta. Claro que lo sé; sólo que lo enfrento a usted con la sugerencia de lo que pudiera comenzar a surgir en mi mente. Usted dice: —¡Se supone que usted sea cristiano! ¡Se supone que usted sea un hombre de Dios!

Por supuesto que soy cristiano y procuro ser un hombre de Dios. Pero los cristianos sienten los mismos estímulos y tentaciones que todo el mundo. La diferencia para los cristianos es que pueden clamar al Señor y pedir la fuerza interna para vencer esas tentaciones. Mientras Jane se inclina sobre mi escritorio, yo digo entre dientes: "Señor, tu propiedad está en peligro."

Cuando los estímulos románticos me tientan, está siempre el constante amor *agapë* de Dios que me mantiene fiel a mi esposa. Además, Dios me ha hecho sensible a la verdad de que El no sólo mora en mí, sino también en mi esposa. Serle infiel a ella significaría serle infiel a El. Herirla a ella significaría herirlo a El. El amor de Dios que fluye a través de mí hacia mi esposa, junto con la presencia de Dios que discierno en ella, es todo lo que tengo a fin de cuentas para mantenerme fiel. Estaré eternamente agradecido por ese amor *agapë* de Dios porque sólo eso es lo que encuentro capaz de vencer las tentaciones románticas generadas por *erós*. Aun en mi relación cotidiana con mi esposa, puedo verificar la verdad del antiguo himno que cantamos en la Santa Cena:

> Lazos benditos que unen
> los corazones en amor;
> es ese amor de Cristo
> que nos une en comunión.*

Antes de dejar este análisis sobre el amor, quiero hacer una afirmación más. Dije al principio que el romance muere poco después del matrimonio. Es mejor que haga una corrección para que rece que el romance muere a menos que sea resucitado y revitalizado bajo la influencia de clases más profundas de amor. Encuentro que *phileö* condiciona mi relación con mi esposa de tal manera que el romance irrumpe constantemente entre nosotros. Advierto que me enamoro de mi esposa una y otra vez. Toda

---

* "Blest Be the Tie That Binds", John Fawcett, 1782.

la emoción efervescente, el erotismo y el éxtasis que caracterizan el romance adolescente los siento a mi madura edad de cuarenta y ocho años.

Hay un poema que un amigo me dio cuando tenía catorce años. Nunca lo he olvidado. Me recuerda que el romance se puede reavivar si hay dimensiones espirituales en la personalidad de uno. Dice así:

> Camina suavemente donde una vez creció el amor
> Porque cada primavera es prueba de resurrección
> Y cada Navidad es la evidencia
> Del renacimiento del amor.

En la película Las cuatro estaciones, preguntan a Alan Alda si todavía se muestra romántico con su esposa. El responde: "Viene en olas." Yo tendría que decir la misma cosa. El romance viene en olas para mí también. No siempre lo siento. No pienso que la mayoría de la gente lo sienta siempre. Pero lo siento. Todavía me alcanza con toda su maravilla y felicidad. Todavía me arrebata. Todavía añade una dimensión deliciosa en mi vida. Además, sucede con mayor frecuencia con el transcurso de los años. Hay que admitirlo, esas son noticias buenas.

Para los que buscan la clase de amor que colma la vida de gozo y satisfacción, no me avergüenzo de recomendar la clase de experiencia amorosa que fluye de una relación con Cristo. No me avergüenzo del evangelio de Cristo, porque ha satisfecho mi necesidad de amor.

CAPITULO CINCO

Cristo satisface nuestra necesidad de lo milagroso

Cuando digo que Cristo satisface nuestra necesidad de lo milagroso, por lo general me saluda un refinado escepticismo de personas que afirman que los que necesitan de milagros en su vida pertenecen a otro siglo. Esos escépticos que quieren destinarme a la Edad Media sugieren que yo encajaría mejor entre los monjes medievales que entre las personas de nuestro mundo científico y moderno. No obstante, aún esas personas supuestamente cultas tienen necesidad de lo milagroso. Quizá no la reconozcan, y la necesidad pudiera ser inconsciente; pero tarde o temprano saldrá a la superficie. Siempre sucede así. Los ciudadanos de esta sociedad — tecnificada, propulsada a reacción, encendida a gas neón y computarizada — todavía tienen sed de maravillas y asombro. Quizá lo escondan bajo una careta de positivismo racional, pero emocionalmente el hambre por lo sobrenatural todavía los consume por dentro. De qué otra manera se pueden explicar las incongruencias en nuestro mundo tales como las secciones sobre el ocultismo en los estantes de nuestras prestigiosas universidades, y en las películas de lo sobrenatural que atraen a desbordantes multitudes (como por ejemplo *Duende, El exorcista* y *El presagio*).

Fedor Dostoievski, novelista ruso que muchos dicen que nos ha dado las más espléndidas descripciones de la mente humana en los tiempos modernos, vio claramente la necesidad que tiene la gente de que lo milagroso invada su vida mundanal. En una sección de su novela *Los hermanos Karamazov* que llama "El gran inquisidor", él señala que los seres humanos no pueden vivir sin la expectación de lo milagroso. Dice Dostoievski:

> El hombre busca no tanto a Dios como lo milagroso. Y como el hombre no puede soportar estar sin lo milagroso, creará nuevos milagros de sí mismo para sí mismo, y adorará las obras del encantamiento y de la brujería, aunque tenga que ser cien veces más rebelde, hereje y ateo.

No somos las criaturas racionales que creemos ser. En tiempos de crisis clamamos por milagros. Cuando ocurre una tragedia como el cáncer, anhelamos la cura sobrenatural. Cuando la vida se va fuera de control, deseamos fervientemente la intervención divina.

Muchos teólogos contemporáneos parecen avergonzarse por lo milagroso. Parecen determinados a expresar la religión en términos totalmente racionales. Excluyen pláticas de milagros de sus discusiones y reducen la "conversación sobre la deidad" a sistemas lógicos y filosóficos. Es probable que por eso sea que muchas personas no están interesadas en la teología moderna; todo es tan categórico, tan intelectual. No comprenden que gran parte del cristianismo trasciende a lo intelectual y que hay dimensiones de nuestra fe que simplemente no encajan en una casilla racional.

Hace varios años me invitaron como conferenciante a una pequeña universidad en el occidente medio del país. Era una de esas escuelas que había sido fundada por personas religiosas pero que había perdido sus fundamentos religiosos. Si bien la escuela se había seculariza-

Es viernes, pero el domingo viene   69

do, quedaban algunos restos de su previa afiliación religiosa. Uno de ellos era una semana anual de énfasis espiritual. La mayoría de tales universidades tiene esas semanas en las que hace un esfuerzo para inclinar psicológicamente hacia la religión al estudiantado. Por lo general, los esfuerzos producen muy poco cambio. Esa universidad en particular pensó que yo podía hacer el trabajo para ellos y me llevaron a resucitar a sus muertos. Mi misión era interesar a un cuerpo estudiantil apático, que tenía que asistir forzosamente a mis conferencias, acerca de cómo el cristianismo era supuestamente emocionante e intelectualmente sostenible.

La universidad había fijado la hora para las conferencias por las noches. Al final de mi presentación, la segunda noche, una mujer se acercó por el pasillo de la sala llevando a su niño en brazos. El niño estaba lisiado y llevaba un aparato ortopédico, y era obvio que la mujer no era miembro del cuerpo estudiantil. Además, tenía una mirada extraña.

— ¿Qué desea? — le pregunté.

— Dios me dijo que viniera — respondió ella.

No supe cómo tomar eso. Me parecía que si Dios le había dicho que fuera, lo menos que pudo haber hecho era decirme a mí que ella iría.

— Bueno, ¿hay algo que piensa que yo puedo hacer por usted? — le pregunté.

— Usted tiene que sanar a mi niño — dijo ella.

— Querida señora, yo no tengo el don de sanidad — le respondí —. Hay diversidad de dones según la Biblia. A algunos les es dado el don de lenguas, a otros el don de profecía, a otros el don de sanidad y a algunos el don de la enseñanza. La enseñanza es mi don.

Sentí una fuerte inclinación de apuntar sencillamente a mi calva y decir:

— Si yo pudiera sanar, ¿me vería así?

Le dije que sencillamente la sanidad no era mi don, pero ella no se daba por vencida.

— Dios me dijo que viniera — dijo ella con mayor énfasis.

Los estudiantes comprendieron lo que sucedía y las risas disimuladas se oían por todo el auditorio. No cabía duda de que disfrutaban de mi incomodidad. El capellán de la universidad reconoció que me encontraba en una situación vergonzosa.

— ¿Cuál es el problema, doctor? — preguntó el capellán.

— Esta mujer quiere que sane a su niño — le dije.

— ¿Necesita ayuda? — preguntó él.

— ¡Por favor! — exclamé yo.

El capellán le dijo al público:

— Los que no creen que ese niño va a ser sanado esta noche, tengan la bondad de salir. Si no está absolutamente convencido de que ese niño verá enderezarse sus piernas mediante la oración, yo quiero que usted salga de aquí. Ni aún Jesús pudo hacer milagros o señales cuando estaba rodeado de personas incrédulas.

¡Oiga — pensé yo —, *no está mal para un capellán universitario teológicamente liberal! En realidad, es un paso inteligente.*

Fue un paso inteligente porque, una vez que dijo eso, casi todos se levantaron y dejaron la sala. Con un sólo comunicado había despejado el lugar. Sólo que quedaron los cinco jóvenes pentecostales, y ya estaban haciendo lo suyo, levantando las manos y orando en lenguas. Supuse que el capellán me había sacado del aprieto, y que estaba salvo y seguro.

— ¿Qué hacemos ahora? — le pregunté.

— Vamos a llevar al niño atrás a la cocina — respondió él.

— ¿Qué va a hacer en la cocina? — fue mi respuesta.

— Vamos a ungir la cabeza del niño con aceite.

Es viernes, pero el domingo viene 71

— ¿Aceite? ¿Qué clase de aceite? — pregunté yo.
— ¡Del Monte! — respondió él con una sonrisa.
De alguna manera la respuesta carecía de la espiritualidad que yo esperaba. Yo pensaba que tendría algo como agua bendita de Israel o algún ungüento especial que hubiera sido bendecido por el Papa.
— ¿Es en broma? — le pregunté.
— Mire, Campolo — dijo él —, dice en el libro de Santiago que si alguien necesita sanidad, que los ancianos de la iglesia le han de ungir la cabeza con aceite, imponer manos sobre él y orar para que sane. De manera que, a menos que tenga una mejor idea, mejor haga lo que el Libro dice.

No era un mal consejo, no importa quién lo dijera. De manera que fuimos al salón de atrás e hicimos lo que debíamos. Seguimos las instrucciones en el libro de Santiago como si fuera un libro de recetas de cocina. Primero aplicamos el aceite, luego impusimos nuestras manos y después oramos. Yo había invitado a los cinco muchachos pentecostales que estuvieran con nosotros y ellos también tenían las manos sobre la cabeza del niño. Consideraba que si alguien tenía algo para el niño, yo lo quería conmigo.

Comencé a orar. Era una de esas oraciones fingidas demasiado comunes cuando oramos en presencia de los demás. Creo que sabe lo que quiero decir. A menudo, cuando otros están presentes, tenemos la tendencia de proferir frases altisonantes preparadas para comunicar una imagen de espiritualidad en vez de concentración en Dios. Todavía me puedo oír orar: "Oh Dios, gran Creador del universo; oh, tú que en tiempos pasados has sanado al ciego, que has hecho caminar al cojo y has levantado a los muertos, te imploramos a ti en esta hora para que estés presente en nuestro medio . . ." Y me detuve en seco. En medio de mi oración mis amigos pentecostales dejaron de orar en lenguas. Todos lo sentimos. Todos sentimos una presencia insólita e imponente que invadió súbitamente nuestro medio. Inesperadamente el Espíritu Santo estaba entre nosotros. Había descendido para estar con nosotros. Su presencia era dominante y perturbadora e hizo añicos mi simulada religiosidad. La experiencia debió ser algo semejante a lo que Isaías describe en el capítulo seis de su libro que dice:

> En el año que murió el rey Uzías vi yo al Señor sentado sobre un trono alto y sublime, y sus faldas llenaban el templo. Por encima de él había serafines; cada uno tenía seis alas; con dos cubrían sus rostros, con dos cubrían sus pies, y con dos volaban. Y el uno al otro daba voces, diciendo: Santo, santo, santo, Jehová de los ejércitos; toda la tierra está llena de su gloria. Y los quiciales de las puertas se estremecieron con la voz del que clamaba, y la casa se llenó de humo. Entonces dije: ¡Ay de mí! que soy muerto; porque siendo hombre inmundo de labios, y habitando en medio de pueblo que tiene labios inmundos, han visto mis ojos al Rey, Jehová de los ejércitos.
>
> Isaías 6:1-5

Es una experiencia sobrecogedora estar en la presencia del Todopoderoso. Yo no sabía cómo reaccionar. Instintivamente, retiré las manos y me sentí terriblemente avergonzado. Mis amigos pentecostales quitaron sus manos también. Tengo que admitir que esperaba que el niño fuera sanado. El poder del Espíritu era tan irresistible que no me hubiera sorprendido una sanidad milagrosa. Pero el niño no fue sanado. Después de unas excusas y explicaciones embarazosas, salimos todos del salón y yo rápidamente del edificio. El resto de las conferencias en la serie se desarrollaron sin ninguna novedad. Me alegré cuando hubo terminado la semana y pude regresar a mi casa, lejos de esa extraña y misteriosa situación.

Tres años después era el predicador invitado en una iglesia en San Luis. Cuando terminó el culto, una señora se acercó y me preguntó:

— ¿Recuerda quién soy?

— ¡Sí! — respondí yo —. La conocí hace tres años. Usted llevó a su niño para ser sanado. Oramos por él. ¿Cómo está él?

— Vine aquí porque quería que lo viera — dijo ella —. Aquí está.

A su lado, sin aparatos en las piernas, estaba su hijo de pie tan derecho y sano como cualquiera. Ya no tenía torcidas las piernas.

— ¿Cómo pasó eso? — pregunté yo.

— ¡Oramos! — respondió ella —. ¿No se acuerda? ¡Oramos! La siguiente mañana él despertó llorando. Noté que los soportes estaban un poco apretados. Los aflojé y sus piernas se enderezaron un poquito. Pasó igual a la mañana siguiente, y después una y otra vez. Siguió pasando hasta que sus piernas fueron enderezadas completamente.

Yo no sabía cómo recibir nada de eso. La situación estaba fuera de mi alcance.

Días después estaba en mi pueblo, Filadelfia, almorzando con dos colegas académicos. Uno era profesor de religión en la Universidad de Pensilvania. Expliqué a mis amigos lo que había sucedido, y uno de ellos dijo:

— Bueno, Tony, tengo que ser sincero contigo. Mi teología no da lugar para esa clase de ocurrencias.

¡Qué absurdo! Hay que sonreír por la respuesta. ¡Su teología no da lugar para esas ocurrencias!

— Charlie, no quiero contrariarte — le dije —; pero quizá, sólo quizá, Dios es más grande que tu teología. Quizá, sólo quizá, Dios es capaz de hacer abundantemente más de lo que tu teología pudiera esperar o pensar jamás.

Creo que el problema con muchos teólogos es que tienen a Dios en una casilla pequeñita. Están dispuestos a decir lo que Dios puede y no puede hacer. Escriben libros sobre Dios, y en doscientas páginas intentan decir todo lo que pueden acerca del Todopoderoso. Algún día me gustaría decirles a todos los teólogos racionalistas del mundo que Dios trasciende a sus términos categóricos. El escapa a sus suposiciones *a priori* acerca de El Dios no puede ser metido en sus construcciones teológicas más de lo que se pueda echar vino nuevo en odres viejos. El vino nuevo se dilatará y romperá los odres viejos. Asimismo, Dios escapa de cualquier sistema teológico que intentamos construir en nuestro intento de encasillarlo.

Quiero dejar bien claro que no entiendo lo milagroso. No entiendo los milagros. No entiendo las sanidades. Ni por qué personas, algunas profundamente devotas, oran por sanidad y no la reciben. No entiendo por qué Dios no intercede y sana todas las veces que su pueblo ora con fe. Y sé de muchos ejemplos que demuestran que personas devotas que creen en el poder de la oración y le imploran por sanidad no reciben lo que piden. Por otro lado, a veces pareciera que otros que son mucho menos merecedores reciben el poder terapéutico del Todopoderoso.

No puedo explicarme los caminos de Dios. Después de todo, no hay ser humano que pueda. Isaías 55:8 dice que sus caminos no son nuestros caminos ni sus pensamientos nuestros pensamientos. Reacciono vehementemente ante los predicadores que les comunican por radio y televisión a millones de personas que Dios sanará a cualquiera que le pida, usando la fórmula correcta. Creo que son responsables de fomentar esperanzas que quizá no se cumplan. Los que reclaman que Dios sanará a toda persona que ore con fe, creyendo, ocasionan angustia y desilusión entre más personas de la que podamos imaginar.

Conozco el caso de una familia que recibió la noticia de que el padre estaba gravemente enfermo de cáncer y que con toda probabilidad estaría muerto en cuestión de meses. Los hijos del hombre estaban muy unidos con él. Lo amaban profundamente y las noticias de su muerte inminente los destrozó emocionalmente. Una hermana, respondiendo a las afirmaciones de un predicador famoso de la televisión, le escribió una carta preguntando qué era necesario para que su padre se sanara. El evangelista respondió (probablemente con una de esas cartas redactadas en una procesadora de palabras) que si todos en la familia confesaran el pecado en su vida y, como creyentes purificados, oraran por la sanidad, entonces su padre sanaría.

Haciendo lo mejor que podía, cada miembro de la familia hizo según las instrucciones. Confesaron sus pecados. Pidieron al Espíritu Santo que les purificara el corazón y oraron con intensidad para que su padre se sanara. La triste noticia es que el padre no sanó, y murió.

Después de la muerte del padre, la hija volvió a escribir al evangelista. La respuesta que recibió fue detestable. El evangelista decía en su carta que la razón por la que el padre no había sanado era porque todavía había algún pecado en la vida de uno de los miembros de la familia. Eso lanzó a varios de esos jóvenes a las profundidades de la tristeza. Cada uno se sumió en la culpa, preguntándose qué pudo haber sido en su vida lo responsable por la muerte del padre. Cada uno pasó por un largo proceso de autoacusación. Dudo que alguno de ellos llegue a superar los efectos de esa carta.

Teología como la del redactor de cartas de ese evangelista de la televisión es pura galimatías. Creo en lo milagroso, pero no que nadie pueda controlarlo. Algunos evangelistas contemporáneos actúan más bien como magos que pretenden poseer poder personal y no como siervos de Dios que hacen como manda la Biblia y dejan a la discreción del Todopoderoso los que han de ser sanados y los que no.

Creo firmemente que las sanidades y los milagros no son normativos en la vida de la iglesia, sino que son "señales" del reino de Dios. Creo que en ellos Dios apuntó hacia lo que sucederá a todos los enfermos y mutilados en la vida al otro lado de la tumba. Las sanidades son ocurrencias inusitadas que dicen a toda persona que está físicamente incapacitada o enferma que un día, algún día, él será sanado y estará bien. Las sanidades son declaraciones de las nuevas de que llegará el tiempo en que cada uno de nosotros tendrá un cuerpo nuevo, completo, saludable y libre de la posibilidad de la descomposición. Pero prometer que toda persona que ore será sanada en la tierra es algo muy equivocado.

Muchos saben de Joni Eareckson Tada. Esa hermosa y joven mujer que está paralizada ha orado y orado, y se han hecho oraciones por ella; pero ella sinceramente admitirá que no piensa que la sanidad sea para su cuerpo. Es una mujer excepcional que ha sido uno de los testimonios más brillantes de Cristo en nuestros días. Su vida se ha convertido en un ejemplo para muchos minusválidos, demostrando que pueden llevar una vida productiva, eficaz y de bendición para los demás aunque su cuerpo no funcione como a ellos les gustaría. Decir que a Joni Eareckson Tada de alguna manera le falta fe o que no ha orado debidamente pareciera obsceno.

Creo en lo milagroso. Siento temor reverente y admiración por eso. Conozco la verdad enunciada por Dostoievski de que tenemos una necesidad de lo milagroso para no ser sofocados por las expectaciones rutinarias de un mundo terrenal. Necesitamos lo milagroso porque tenemos que creer que este mundo de pronósticos científicos puede ser trascendido. Lo milagroso es lo que nos da base para la esperanza, aunque las circunstancias de la vida digan que no hay lugar para ella.

No me avergüenzo del evangelio de Cristo, porque satisface mi necesidad de lo milagroso. Y estoy seguro de que también satisfará la suya.

CAPITULO SEIS

*Cristo satisface
nuestra necesidad de
un propósito en la vida*

Viktor Frankl, el psicoterapeuta vienés, dijo una vez que la necesidad fundamental para los seres humanos es tener un propósito en la vida y un sentido para ella. Según Frankl, la vida es intolerable para quien carece de propósito. El descubrió esa verdad como prisionero en un campo de concentración nazi. Dedicó los años que pasó allí a estudiar las diferencias entre la gente que pudo sobrevivir a los horrores del campo para prisioneros y los que fueron destruidos por ellos. Después de un cuidadoso escrutinio y análisis de sus compañeros, llegó a una conclusión clara: los que sobrevivían al campo para prisioneros tenían metas claramente definidas para vivir, mientras que los que carecían de un propósito claro para la vida rápidamente capitulaban ante las condiciones infrahumanas creadas por los nazis, y morían.

El hecho de que todo ser humano necesita un propósito para vivir puede proporcionar una base importante para la evangelización. Tengo amigos que trabajan en el movimiento de la Cruzada Estudiantil para Cristo. Ellos han apelado a los estudiantes universitarios y los han llevado a aceptar a Cristo como Salvador y Señor, aclarándoles que, mediante una entrega a Cristo, ellos pueden entrar en una existencia y una razón gloriosa para vivir. Esos evangelistas de la Cruzada Estudiantil usan con frecuencia un folleto titulado *Las cuatro leyes espirituales*. La primera de esas leyes es: "Dios tiene un plan maravilloso para su vida." Esa simple declaración ha sido un atractivo fantástico para los universitarios inteligentes, con grandes conocimientos y muchas oportunidades en la vida, pero que carecen de un plan para vivir. La gran verdad expresada en la primera de las cuatro leyes espirituales son buenas nuevas para ellos, y con frecuencia entregan su vida a Cristo motivados por la promesa que en El la vida tiene propósito.

Pienso que es esencial que todo ser humano sepa que su existencia no es sencillamente un accidente biológico, sino que ha sido determinada por Dios. Creo que es de suprema importancia que toda persona sepa que Dios la está invitando a una relación en la que un propósito y un plan pueda ser resuelto y delineado. Dios quiere que cada uno de nosotros descubra, en diálogo con El, que puede haber un plan significativo para la vida.

Es importante afirmar que hay algo grande que usted nunca hará a menos que acuda a Jesucristo. Hay algo maravilloso que Dios nunca realizará por medio de usted hasta que se rinda a su voluntad. Hay algo de importancia suprema que Dios quiere que usted realice para El. Estoy convencido de que Dios tiene una misión especial para que usted la lleve a cabo en su nombre. Cuando se enfrente con Jesucristo, conocerá ese propósito. Cuando comprenda su misión para usted, sabrá cuán valiosa es la vida que El le ha dado. Entonces, y sólo entonces, se logrará su búsqueda de sentido y propósito.

Cuando Jesucristo murió en la cruz y lo salvó a usted de sus pecados, no fue sólo para llevarlo al cielo sino por una razón todavía más importante, aunque le parezca muy extraña esta declaración. Jesucristo lo salvó mediante su muerte en la cruz del Calvario para que se convirtiera en una persona que pudiera hacer cosas magníficas para otros en su nombre. Lo salvó para obrar por medio de usted y realizar lo que El quiere en este mundo. Cristo quiere eliminar el hambre de mucha gente, y El lo salvó para hacerlo por medio de usted. Cristo quiere cubrir al desnudo, y El lo salvó para hacerlo mediante los esfuerzos de usted. Cristo quiere liberar a los oprimidos y hacer justicia en favor de los pisoteados, y El quiere que usted sea uno de sus instrumentos para que por su medio El logre cosas tan importantes como esa. Cristo lo salvó para que sea un agente en su revolución en el mundo. El lo salvó para realizar por medio de usted cambios esenciales que harán de este mundo como El dispuso cuando lo creó.

No siempre comprendí esa importante verdad. En mis primeros días de convertido, yo pensaba que la razón principal por la que Jesucristo me había salvado era para llevarme al cielo cuando yo muriera. En esos días yo pensaba que lo único que valía la pena me esperaba en la vida después de la muerte, y que lo que sucedía en este mundo no era realmente importante.

Debo afirmar en este momento que creo en el cielo y que estoy absolutamente persuadido de que los que creen en Jesucristo irán allá cuando termine esta vida. No obstante, últimamente me he convencido de que nuestro Señor estaba más interesado en que nosotros viviéramos en este mundo de una manera significativa que en llevarnos al cielo después de la muerte. Jesús les dijo a sus discípulos que había venido para que tuvieran vida abundante. La Biblia comunica esa verdad enfáticamente. Además, El quiere que aprendamos que esa vida se puede obtener únicamente mediante el servicio de amor para otros en su nombre. Su mensaje es que el gozo, el brillo de la vida y la realización se pueden obtener únicamente cuando dedicamos nuestra vida a la tarea que El tiene para nosotros. No es en recibir lo que nosotros queremos, sino en hacer lo que El quiere, que lleguemos a ser personas actualizadas con un sentido de éxtasis respecto a la vida. Toda persona necesita hacer con su vida algo de absoluta importancia, y las buenas nuevas son que Jesucristo tiene algo especial para cada uno de nosotros.

Me sorprende que tantos no reconozcan que servir a otros por Jesucristo es la única respuesta correcta que se pueda dar a Dios por todo lo grandioso que El ha hecho para nosotros. Esas personas no ven que no hay otra manera de ser "santo" que siendo un instrumento apartado por Dios para cumplir sus propósitos en el mundo. En realidad, la palabra "santo" según los etimólogos significa "separado". De manera que, la santidad no es una religiosidad que dice "soy mejor que tú", sino una disposición de permitir a Dios que lo separe para su obra. Es lamentable que muchos piensan que la manera de expresar el señorío de Cristo en su vida es comportándose religiosamente superior a los demás, cuando en realidad significa ser el siervo de los demás.

Mi propósito aquí no es condenar la devoción. (Algunos de mis mejores amigos son devotos.) Pero a veces me pone un poco inquieto. Cuando era recién convertido, mis amigos cristianos me comunicaron que yo debía de ser piadoso. Me dijeron que si quería ser un cristiano verdadero, debía vivir de acuerdo con una serie de reglas que ellos decían me separaría del mundo. En la mayoría de los sermones que oía se me exhortaba a seguir esas reglas más que a ser un servidor de los demás. Parecía como si hubiera mil y un mensajes desde el púlpito sugiriendo que la vida cristiana era una colección de lo negativo en vez de lo positivo. Se me dijo de un sinnúmero de cosas que los cristianos no debían hacer, pero no recibí una imagen muy clara de lo que se suponía que debía hacer por los demás. Los miembros del grupo juvenil de nuestra iglesia canturreábamos jocosamente:

> No fumamos ni bailamos ni mascamos
> ni andamos con muchachas
> que fuman y bailan y mascan.

Ser cristiano se definía esencialmente como renunciar a los "placeres mundanos" en vez de ser un llamamiento a entregarse a la tarea que Dios tiene para nosotros en este mundo.

Todavía recuerdo a un predicador que golpeaba el púlpito y gritaba: "¡El baile excita la lujuria de la carne!" Describía con lujo de detalles las maneras en que el baile alborotaba las hormonas y estimulaba los deseos sexuales. Para cuando hubo terminado, me tenía ilusionado y pensando: *¡Extraordinario! Se oye divertido.*

No quiero minimizar demasiado la importancia de esos sermones, porque en muchos sentidos el predicador tenía razón. Me percato de eso cuando casualmente sintonizo algún baile moderno en la televisión. Hasta el vistazo más fortuito comprobará que los movimientos pélvicos de esos tipos de bailes tienen la capacidad de excitar toda clase de deseos sensuales. Quizás usted se incline a considerarme como un "viejo verde"; pero me parece que si un joven se pone frente a una joven vibrando eróticamente durante horas, los dos van a acabar muy estimulados sexualmente. Si no se excitan con esos giros, yo no los llamaría "espirituales", sino "muertos". No obstante, pudiera haber cierta hipocresía de parte de las iglesias que condenan el baile. Con demasiada frecuencia, esas mismas iglesias que predican contra el baile patrocinan los paseos en carretas de heno. No quiero pecar de cínico, pero he estado en esos paseos, y a menudo lo que sucede en el heno hace parecer moderado lo que ocurre en la pista de baile por comparación.

Otra característica de piedad que se enfatizaba en mis años adolescentes era mantenerse alejado del cine. Oí a evangelistas gritarles a sus oyentes: "¿Qué sucederá si se encuentra en el cine cuando suene la trompeta final?"

Me moría de miedo cada vez que iba al cine. Estaba seguro de que a mitad de la película sonaría la trompeta y regresaría el Señor. Lo peor de todo, que me preocupaba más, era que no vería el final de la película.

Fumar era la otra prohibición entre la gente con la que me juntaba en mis primeros años de ser cristiano. Y debo admitir que todavía tengo toda clase de reacciones negativas con el vicio de fumar. Creo que es un hábito horrible. En cuanto a mí respecta, la familia que fuma junta se sofoca junta. Cuando era adolescente, tenía la impresión de que besar a una muchacha que fumaba era como chupar un cenicero.

¿Le ha tocado subir en un avión y sentarse en la sección de no fumar sólo para que el tipo al lado de usted encienda un cigarrillo y deje que el humo flote hasta su rostro? Mientras usted se sofoca, por lo general él dirá:

— ¿No le molesta si fumo?

A mí me dan deseos de responder:

— No, si no le molesta que vomite.

Si sólo pareciera que me estoy burlando de la mentalidad que condena el fumar, el bailar y el beber, no estoy ganando su atención sobre el punto que quiero hacer. Pienso que esas prácticas, junto con muchas otras, pueden motivar a los que quieren establecer un estilo de vida cristiano a plantearse preguntas muy serias. Sin embargo, me perturba cuando los cristianos hacen del abandono de tales costumbres la esencia de la fe cristiana. Reacciono contra los que harían de esa clase de religiosidad personal la esencia del cristianismo. La verdad es que uno puede dejar de fumar, de bailar y de ir al cine y no andar ni cerca de lo que es importante en la vida cristiana.

En los días de Jesús, los fariseos que vivían según la letra de la ley siempre trataban de superarse entre ellos en el cumplimiento de los requisitos de la forma de piedad que había surgido en la sociedad judía. Cuando Jesús reaccionó negativamente con respecto a su estilo de vida, estableció claramente que la esencia de la piedad no se lograba con un estilo de vida legalista de religiosidad personal, sino con el amor abnegado en favor de los pobres y en el servicio a los perdidos. Jesús dejó bien claro que es posible ser muy devoto y perder el sentido verdadero de la piedad.

Ya es tiempo de que tomemos en serio la afirmación que hizo Jesús cuando dijo que quien quiera ser su discípulo tendrá que negarse a sí mismo, vender lo que tiene, tomar su cruz y seguirlo a El. La disposición de sacrificar todo lo que somos y tenemos para servir a Cristo, y a la gente que El nos ha llamado a amar, es la única respuesta aceptable para lo que Jesucristo ha hecho por nosotros en el Calvario. La religiosidad personal no es substituto del sacrificio de amor.

> Así que, hermanos, os ruego por las misericordias de Dios, que presentéis vuestros cuerpos en sacrificio vivo, santo, agradable a Dios, que es vuestro culto racional. No os conforméis a este siglo, sino transformaos por medio de la renovación de vuestro entendimiento, para que comprobéis cuál sea la buena voluntad de Dios, agradable y perfecta.
>
> Romanos 12:1-2

La mayoría de nosotros nos hemos estado engañando. Hemos intentado simular que podemos vivir en la opulencia de la clase media típica en un mundo que sufre de pobreza desesperada, y seguir llamándonos cristianos. Tratamos de evitar pasajes como 1 Juan 3:17-18, que dice: "Pero el que tiene bienes de este mundo y ve a su hermano tener necesidad, y cierra contra él su corazón, ¿cómo mora el amor de Dios en él? Hijitos míos, no amemos de palabra ni de lengua, sino de hecho y en verdad." Esos versículos plantean preguntas cruciales: ¿Cómo puede cualquier persona decir que ama a Jesucristo y no responder al sufrimiento de la gente que El ama? ¿Cómo es posible que cualquiera diga que está imitando a Jesucristo mientras acapara el excedente de su riqueza en el rostro de los que desean ardientemente alimento para sobrevivir? ¿No significa ser cristiano dar de comer al hambriento, vestir al desnudo, liberar a los cautivos, ministrar a los enfermos? ¿No son esas acciones infinitamente más importantes que la adhesión a los rituales de la religiosidad personal que han sido creados por los legalistas religiosos?

Dirijo una pequeña organización misionera llamada Asociación Evangélica para la Promoción de la Educación que ha desarrollado varios proyectos en países tercermundistas. Uno de ellos es un orfanato diseñado para cuidar a niños que han sido abandonados por sus padres y son las víctimas de la desnutrición. Esos niños están tan debilitados y arruinados que, a menos que reciban tratamiento intensivo, morirán en pocos meses. Planeamos el orfanato para cincuenta niños, con la creencia de que era suficiente para acomodar a todos los que vivían en los tugurios de la ciudad que nuestra organización había fijado como objetivo. El día que abrimos el orfanato, llevamos un autobús a la región de tugurios donde vivían esos niños desesperados. Sin embargo, en vez de cincuenta, encontramos esperándonos a cuatro veces más ese número. Todos ellos estaban en la misma condición debilitada y enfermiza. Todos parecían estar tan desnutridos que la muerte los acechaba en un futuro inmediato. Podíamos cuidar a cincuenta, lo que significaba que negaríamos a la mayoría el cuidado amoroso que necesitaban para sobrevivir. En las siguientes horas tuvimos que pasar por el increíble proceso de seleccionar cuáles de esos niños vivirían y cuáles morirían. Tuvimos que decidir cuáles niños irían a vivir en nuestro orfanato y cuáles continuarían viviendo en los tugurios hasta que los alcanzara la muerte.

No hay manera de que usted pueda imaginar el dolor y la conmoción que acompañó el proceso de elegir y decidir. Pero hicimos lo que debíamos y, cuando terminamos la agonizante tarea, pusimos a los seleccionados en el autobús y los enviamos al orfanato. El sacerdote de la parroquia católica en el tugurio nos expresó su gratitud por lo que hacíamos y compartió nuestra aflicción por haber rechazado a tantos otros necesitados. Entonces pidió a los que habían quedado atrás que cantaran para nosotros para mostrar su aprecio por haber ayudado a los demás. Sentí un profundo dolor en mi alma cuando oí a esos niños con sus estómagos alargados por la desnutrición, con piernas tan enflaquecidas que causaban admiración verlas sostener el peso de sus cuerpos. Con dificultad escuché mientras cantaban para nosotros en su idioma nativo, el conocido coro:

> Oh, Dios es bueno,
> Oh, Dios es bueno,
> Oh, Dios es bueno,
> Dios es bueno para mí.

No quería escuchar. Pero ellos siguieron cantando:

> Y El me ama,
> Y El me ama,
> Sí, El me ama,
> Dios es bueno para mí.

Algo dentro de mí parecía gritar y protestar. Apretando los dientes, pensé: *¡No es cierto! Dios no es bueno para* ellos. *El no los ama, o de otra manera no los dejaría en esa condición. El haría algo si los amara. Los libraría del hambre. Sanaría sus enfermedades.* Entonces caí en la cuenta. Dios sí los amaba. Sí tenía un plan para librarlos del hambre y de la enfermedad. Ese plan era llevarles amor y asistencia por medio de personas como usted y como yo. Su plan era extenderse a esos niños por medio de los que están dispuestos a sacrificar su vida para ayudarlos en el nombre de Cristo. Ellos sufrían, no porque a Dios no le importara, sino porque personas como nosotros piensan que podemos ser religiosos sin responder a las necesidades de niños como esos que sufren. Si todos los que expresan su religiosidad con manifestaciones egocéntricas cambiaran y expresaran su entrega a Cristo dando su riqueza, y hasta su vida, en servicio de los que sufren, esos niños no tendrían que ser alejados y entregados al dolor y a la muerte.

Muchas personas en la sociedad moderna tienen la tendencia "racional" de hacer del cristianismo un compromiso con principios abstractos, en vez de compromiso con los demás. Recuerdo de niño ir a las clases de catecismo donde se me enseñó que "el fin principal del hombre es amar a Dios y servirle para siempre". Esa declaración es hermosa, pero con frecuencia no comprendemos cómo se sirve a Dios. Tenemos la tendencia de hacer del amor a Dios una simple experiencia interna, privada y meditativa. La meditación es importante. Yo sería el último en discutir la realidad de que Dios nos invita a tener un encuentro con El mediante el sentido profundo y la meditación. Pero nuestra fe cristiana tiene que ir más allá de la meditación. Creo que es crucial que reconozcamos que el Cristo que encontramos dentro de nosotros es, primeramente, el Cristo que nos confronta en la forma de la necesidad de nuestro prójimo. Es esencial que reconozcamos que el Dios que podemos conocer en la contemplación mística se encarna en el último y menor de los dolientes que nos confrontan cada día. Estoy absolutamente convencido de que antes que podamos meditar en Él y contemplar su maravilla, tenemos que encontrarlo primero en esas personas necesitadas que nos confrontan. Él espera en ellas para ser descubierto. En ellas Él espera que se le encuentre. En ellas espera ser amado. Es por medio de ellas que aprendemos de Él.

Hace varios años estuve haciendo obra misionera en Haití y la República Dominicana. Una tarde, cerca de la frontera que separa a esos dos países, me encontraba de pie a la orilla de una enyerbada pista de aterrizaje esperando una pequeña avioneta que fuera a recogerme y llevarme de regreso a la capital. Mientras estaba allí, se me acercó una mujer. Tenía un bebé en sus manos. El estómago de la criatura estaba inflamado a cuatro o cinco veces el tamaño normal por causa de la desnutrición. Los brazos y las piernas del niñito estaban tan delgados que no eran más que huesos cubiertos con piel. Era un niño negro pero el pelo había tomado un color herrumbroso que evidenciaba la ausencia de proteínas. La boca de la criatura caía abierta y sus ojos echados para atrás dando la impresión de bolas blancas en el cráneo. El bebé estaba sucio y mugriento, y cerca de la muerte. La mujer me ofreció la criatura y comenzó a suplicarme:

— Por favor, señor, por favor, tome mi bebé; llévese a mi bebé — me rogaba —. Llévese a mi bebé a su país. Déle de comer. Cuide a mi bebé. No lo deje morir.

Yo no sabía qué hacer. No me podía llevar a su bebé. Había cientos de bebitos como ese en los alrededores. ¿Qué podía hacer frente a sufrimiento tan sobrecogedor? La aparté de mí y le dije:

— No la puedo ayudar. No puedo llevarme a su bebé. ¿Entiende? ¡No hay nada que pueda hacer!

Ella suplicó de nuevo:

— Señor, no deje que se muera mi bebé. Por favor, señor, no deje que se muera mi bebé. Lléveselo. Por favor, llévese a mi bebé con usted.

Nuevamente la aparté de mí, pero ella continuaba rogándome:

— Llévese a mi bebé. No deje que se muera mi bebé. Por favor, señor, tenga misericordia de mi bebé.

Con alivio, vi el pequeño aeroplano descender y tocar el extremo de la pista de aterrizaje enyerbada. Mientras rodaba hacia mí, corrí para encontrarlo. Quería escapar de la mujer y su bebé. Pero ella corrió atrás de mí. Gritaba a todo pulmón:

— ¡Llévese a mi bebé! ¡Llévese a mi bebé! ¡No deje que se muera mi bebé!

Se había puesto histérica en sus súplicas mientras yo subía a la avioneta y cerraba la puerta. Antes que el piloto pudiera dar vuelta para el despegue, ella estaba a un lado, golpeando el fuselaje y gritando:

— ¡No deje que se muera mi bebé! ¡No deje que se muera mi bebé!

El motor aceleró. El piloto soltó los frenos y la avioneta comenzó a ganar ventaja a la mujer por la pista. Ella corría a un lado del aeroplano, estrechando todavía su horrible y enflaquecido bebé y gritándome que me lo llevara. Por fin la avioneta alzó vuelo y mientras subíamos al cielo, el piloto la inclinó a un lado, hizo un viraje y sobrevoló la pista de aterrizaje. Con eso, pude ver por última vez a la mujer que para entonces estaba de pie inmóvil en medio de la pista abrazando a su bebé. Nos alejamos y yo intenté sacar a esa mujer y a su bebé de mi pensamiento. Pero no podía. A mitad del camino hacia la capital sentí el impacto. Entonces caí en la cuenta de quién era ese bebé. Me di cuenta de quién era al que había dejado atrás en esa pista de aterrizaje. El nombre de ese bebé era Jesús.

A pesar del nombre que sus padres le hubieran dado al nacer, sabía que su nombre era Jesús. Era Jesús encarnado en la forma raquítica y enfermiza. Era Jesús que se me había ofrecido para amarlo y cuidarlo. Era Jesús a quien había dejado fuera de mi vida.

Un día, algún día, el Señor me va a decir: "Tuve hambre, y no me disteis de comer; estuve desnudo, y no me cubristeis; enfermo y no me visitasteis; fui forastero, y no me recogisteis." El capítulo veinticinco de Mateo me asegura que el Señor me dirá eso cuando comparezca ante su trono de juicio. Y cuando yo pregunte: "¿Cuándo te vi hambriento y no te di de comer? ¿Cuándo te vi enfermo y no te serví? ¿Cuándo te vi forastero y no te recogí", El me va a decir: "En esa pista de aterrizaje en la frontera con Haití. En cuanto no lo hicisteis a uno de estos más pequeños, tampoco a mí lo hicisteis."

Muchos creemos que ser cristiano es simplemente creer correctamente. Muchos pensamos que si damos asentimiento intelectual a las proposiciones religiosas correctas, seremos parte del reino de Dios. Fácilmente nos podemos engañar y suponer que sólo tener la teología correcta nos hace hijos de Dios. Pero no es verdad. La epístola de Santiago dice que hasta Satanás cree. Si tener una teología ortodoxa hace a una persona cristiana, entonces Satanás es el mejor cristiano de todos. Además, Satanás tiembla con el reconocimiento de la verdad bíblica. El cree todo lo que un cristiano evangélico debiera creer. Satanás cree en la divinidad de Cristo, el nacimiento virginal, los milagros, la resurrección y la segunda venida. Su teología es ortodoxa hasta la médula. El puede citar los pasajes bíblicos en un dos por tres. Sin embargo, permanece alejado de Dios y remotamente apartado del reino de Dios.

Ser cristiano es mucho más que creer las doctrinas correctas. Ser cristiano es entregarse y entregar todo lo que tiene a Aquél en quien dice que cree. Es darse sin reservas al Cristo que se encarna en los niños que sufren, que nos están esperando para que lo encontremos a El en ellos y lo amemos a El en ellos. La teología de Satanás pudiera ser buena; pero él no ama a Cristo ni está para ministrar a las necesidades de esa gente desesperada en quienes el Cristo vivo se encarna en nuestro tiempo.

Hay veinte millones de perros en los hogares de los Estados Unidos, y admito que tengo el más hermoso de todos. Pero debemos saber que de esos veinte millones de perros, el setenta y tres por ciento tienen peso excesivo. Después de dominar la risa al imaginar a millones de perros gordos tropezando en los cómodos hogares norteamericanos, tenemos que plantearnos preguntas muy serias respecto a nosotros mismos. ¿Qué clase de personas alimentarían a sus perros en exceso y dejaría que los niños de Haití, Somalia y Etiopía se murieran de hambre? Esos niños se están muriendo de hambre. Cinco millones de personas se acuestan con hambre todas las noches. Cada noche mueren diez mil niños de desnutrición. Y mientras todo eso sucede, hay un alto nivel de indiferencia entre los norteamericanos opulentos. Quienes nos preocupamos de que nuestros perros no pierdan una comida, hacemos caso omiso a las agonías de los que no tienen nada que comer.

Una noche fui a comer a un restaurante en Puerto Príncipe, Haití. Me senté a la mesa hacia el frente del restaurante, próximo a una ventana. Ordené mi comida y me sirvieron de inmediato. Entonces, cuando estaba a punto de meter el tenedor en la comida, miré a mi derecha y vi a cuatro muchachitos haitianos parados al otro lado de la ventana. Con sus narices pegadas contra el cristal, estaban mirando fijamente mi comida. Parecía que ni me notaban a mí. Más bien sus ojos estaban clavados en mi plato. Estaban sucios y casi desnudos;

algunos de los cientos que vagan por las calles de Puerto Príncipe, que a nadie pertenecen ni a nadie le importan. Eran los niños desechados por una sociedad empobrecida, y probablemente estarían muertos dentro de pocos años. (Casi la mitad de los niños nacidos en Haití muere antes de los doce años de edad.)

Yo estaba paralizado por el desconcierto. Antes que pudiera reaccionar, el mesero vio mi dificultad. Rápidamente se acercó a mi mesa y bajó la persiana. Entonces dijo:

— No permita que lo molesten, señor. No permita que lo molesten. Disfrute de su comida.

¡Como si hubiera sido posible disfrutar de mi comida después de ver a esos desesperados niños! Sin embargo, ¿no hacemos todos lo que hizo ese mesero? ¿No dejamos afuera a la gente hambrienta del mundo?

Hay millones de ellos allí afuera. Millones de encarnaciones del Cristo resucitado, y están sufriendo de desnutrición y muriendo de enfermedades y no tienen fuerza para resistir. Viven sin esperanza. Viven sin ayuda. Pero de cara a esas realidades, seguimos viviendo a nuestra manera opulenta. Comemos nuestra comida, bebemos nuestra leche y tenemos nuestros postres favoritos mientras que, encubierto a nuestros ojos, ellos se retuercen en desesperado sufrimiento.

La iglesia ha comenzado a responder a las necesidades de los pobres, pero no en la escala que el Señor espera. Parece que la iglesia ha olvidado su propósito y razón de ser. Por ejemplo, los líderes de la religión institucionalizada han gastado más de ciento ochenta mil millones de dólares en construcciones de iglesias en todo el país. La mayoría de esos edificios se usan sólo algunas horas a la semana, los domingos por la mañana. Tengo que preguntarle si Jesucristo hubiera preferido que esos ciento ochenta mil millones de dólares se hubieran usado en edificios o en alimentar a los niños hambrientos del mundo. Me gustaría saber lo que el Señor tiene que decir respecto a las iglesias que invierten ciento ochenta mil millones en edificios mientras los niños en Haití y Etiopía se mueren porque no hay quien supla sus necesidades básicas. Casi parece ridículo gastar todo ese dinero para honrar a alguien que dijo: "Yo no habito en templos hechos de mano.".

Creo que es tiempo de que la iglesia ponga sus prioridades en orden. Los miembros debemos recordar que la iglesia no existe para ser servida o para ser la recibidora de regalos. Más bien la iglesia existe para servir y darse ella misma a los demás. Como Cristo era rico y se hizo pobre por nosotros, así las iglesias ricas de los Estados Unidos deben hacerse pobres por amor de los que están sufriendo. Tenemos que aprender que el mejor regalo que podamos dar al Señor es vivir para servir al menor de nuestros hermanos y para dar nuestra riqueza para satisfacer sus necesidades.

Debiera ser obvio para nosotros que el dinero que damos a la iglesia institucional es, en su mayoría, dinero que nos damos a nosotros mismos. Compramos bancos y cojines para sentarnos. Compramos cristales de colores. Compramos órganos y togas para el coro a fin de disfrutar de la música presentada con dignidad. Y le pagamos a un ministro para que nos alimente espiritualmente. La mayor parte del dinero que damos para causas cristianas termina siendo usado para beneficio propio. La gente dice con frecuencia: "Tenemos que cuidar de nosotros o no podemos cuidar de nadie. Tenemos que suplir nuestras necesidades antes que podamos considerar las necesidades de los demás." Hay cierto grado de verdad y lógica en esos dichos, pero quiero señalar que Jesucristo dijo que sólo aquéllos que estaban dispuestos a perder su vida la encontrarían y sólo los que estaban dispuestos a morir vivirían. Estoy absolutamente convencido de que la declaración de Jesucristo es aplicable, no sólo para las personas, sino también para el cuerpo de Cristo. Sólo se encontrará la iglesia que esté dispuesta a perderse. Sólo podrá vivir la iglesia capaz de morir. Sólo sobrevivirá la iglesia que da sus recursos a los pobres y oprimidos.

Sören Kierkegaard, el filósofo y teólogo danés, describió una vez cómo entró en una gran catedral en Copenhague y se sentó en un banco acojinado y observó la luz del sol pasar a través de los cristales. Vio al pastor, ataviado en una sotana de terciopelo, tomar su lugar detrás del púlpito de caoba, abrir una Biblia dorada, señalar el lugar con un marcador de seda y leer: "Si alguno quiere ser mi discípulo, tiene que negarse a sí mismo, vender todo lo que tiene, dar a los pobres y tomar su cruz y seguirme." Kierkegaard dijo: "Cuando miré los alrededores de la sala me sorprendió que nadie estaba riendo." Kierkegaard estaba tratando de comunicarnos que hay algo ridículo acerca de una institución religiosa que gasta sus recursos en sí misma y al mismo tiempo afirma que está siguiendo a Jesucristo, que se interesa más por los pobres que en edificios hechos de piedra y argamasa.

Una de mis historias favoritas es acerca de un hombre que hace una gira por una refinadora de aceite. El guía le muestra los diferentes aspectos del proceso de refinación y los diferentes departamentos donde se realiza el proceso. Al final de la gira el hombre hace una pregunta sencilla al guía:

— ¿Dónde está el departamento de embarques?

— ¿Departamento de embarques? — responde el guía —. ¿Qué departamento de embarques?

El hombre responde:

— Estoy buscando el lugar desde donde toda la gasolina

y los productos de aceite de esta planta se embarca para su uso en el mundo.

— Ah — dijo el guía —, usted no entiende. Toda la energía generada en esta planta es usada para mantener la refinería.

La historia es una buena parábola de la iglesia, porque a veces tengo la impresión de que la mayor parte de la riqueza y la energía generada por la iglesia se usa para mantener a la iglesia en vez de usarse para ministrar a las necesidades de aquéllos en quienes el Cristo resucitado ha escogido para encarnarse. La Biblia enseña que Dios se identifica con los pobres y los oprimidos, y que cualquiera que lo ame a El tiene que amarlos a ellos. Si usted piensa que he hecho difícil que entren en el reino de los cielos los que tienen riquezas, y que sean cristianas las iglesias que gastan cantidades desproporcionadas de dinero en sus programas y edificios, debe recordar que no soy el primero que dice que es más difícil que un rico entre en el reino de los cielos que un camello pase por el ojo de una aguja (véase Marcos 10:25).

Cuando Cristo nos salvó, lo hizo para un propósito noble y santo. El nos salvó para que pudiera usarnos a fin de satisfacer las necesidades de otros. Nos salvó para que pudiera comenzar a transformar este mundo en lo que El dispuso cuando lo creó. Cuando nos salvó, lo hizo para que fuéramos conductos por medio de los que su amor pudiera fluir en la vida de los que sufren en este mundo. Cuando nos salvó, lo hizo para que fuéramos agentes de una gran revolución, que terminará cuando los reinos de este mundo pasen a ser el reino de nuestro Dios.

Cuando nos demos cuenta del propósito de nuestra salvación, cuando comprendamos por qué es que Cristo nos salvó, sabremos cuál es el propósito de nuestra vida. Ya no habrá más dudas de qué es lo que fuimos destinados a ser y a realizar. Por medio de Cristo hay un propósito para vivir.

No me avergüenzo del evangelio de Cristo, porque mediante ese evangelio se me revela claramente mi necesidad de un propósito para vivir.

CAPITULO SIETE

Cristo satisface nuestra necesidad de esperanza

No me avergüenzo del evangelio de Cristo, porque es superior a los mensajes y a las enseñanzas de todas las grandes religiones del mundo. Otras religiones tienen enseñanzas de una ética excelente, seguidores fervientemente dedicados y magníficos rituales de adoración. No obstante, sólo Jesucristo ofrece al mundo la clase de esperanza que puede generar el espíritu de optimismo que es esencial para vivir con alegría. Sólo el cristianismo describe claramente el curso para la historia humana que culmina en el glorioso triunfo del bien sobre el mal.

Los seguidores del zoroastrismo creen que la historia es una lucha entre las fuerzas de la luz y las fuerzas de las tinieblas, pero no tienen ninguna seguridad de cuál de las dos fuerzas ganará al final. El budismo enseña que este mundo no es nada más que un ciclo sin fin de sufrimientos, y los seguidores de Buda sólo pueden esperar en el nirvana que yace fuera de la esfera de la historia donde se pierde toda conciencia y queda abolida la identidad personal. El hinduismo enseña que el mundo en que vivimos es básicamente irreal y que tarde o temprano este mundo y todo lo que hay en él retornará a Brahma, de donde vino, sin dejar rastro de que una vez existimos, y asegurándonos que la historia no tuvo ningún significado. Sólo el mensaje bíblico nos da la seguridad firme de que la historia de la humanidad no es un cuento narrado por un necio, sino el desarrollo del gran plan de Dios que terminará cuando El establezca su reino en la tierra como en el cielo.

Muchos me preguntan cómo puedo continuar tan optimista del futuro de la historia humana a la luz de las circunstancias contemporáneas en el mundo. Entre mis colegas en el campo de las ciencias sociales hay muchos profetas de perdición. Están los demógrafos que ofrecen pruebas de que la explosión demográfica mundial pronto pondrá tal tensión sobre los recursos y alimentos disponibles en nuestro planeta como para reducir toda existencia humana al nivel más escaso de subsistencia, si es que en realidad llega a sobrevivir. Están los ecólogos que señalan que contaminamos la atmósfera a tal velocidad que estamos destruyendo las capas de ozono que filtran los peligrosos rayos que producen el cáncer, y que es sólo cuestión de tiempo para que dosis masivas de luz infrarroja y ultravioleta hagan imposible la supervivencia física. Esos ecólogos advierten además que estamos contaminando los océanos a tanta velocidad que destruimos el plancton que es necesario, no sólo para la subsistencia de ciertas formas de vida marina, sino esencial para la producción del oxígeno que los seres humanos tenemos que respirar. Están los científicos políticos cuyos estudios sobre el escalonamiento de la carrera armamentista los lleva a pronosticar la segura desaparición de la civilización mediante un inevitable holocausto nuclear. Y están los criminólogos que predicen la completa descomposición del orden y de la ley en el mundo occidental, reduciendo a los seres humanos a la barbarie en el peor de los casos y, en el mejor, a otra edad de las tinieblas.

Frente a esas predicciones, todavía afirmo las buenas nuevas de que vendrá el reino de Dios. El mundo no será destruido por la explosión demográfica, los desastres ecológicos, el holocausto nuclear, la anarquía o cualquier otro acontecimiento trágico que sugieren los medios de comunicación. Los cristianos somos proclamadores de las buenas nuevas de Dios ante todas esas malas noticias. Somos los que estamos absolutamente convencidos de que, aunque toda la creación gima y esté con dolores de parto, en su momento la salvación vendrá y Dios preservará a su creación y la perfeccionará divinamente para su gloria (Romanos 8:21-28). El mundo no terminará con una explosión como algunos sugieren, ni terminará con un lloriqueo como sugirió T.S. Elliot, famoso poeta inglés. Apocalipsis 11:15 dice cómo es que el mundo terminará: "Los reinos del mundo han venido a ser de nuestro Señor . . . y él reinará por los siglos de los siglos." ¡Aleluya! ¡Aleluya!

Oscar Cullmann, uno de los teólogos más importantes de la posguerra, da una ilustración que ayuda a poner el futuro de la historia en una perspectiva bíblica. Gracias a sus experiencias en la Segunda Guerra Mundial, Cullmann nos recuerda la importancia del *Día D*, el desembarco de las fuerzas aliadas en Normandía, y el *Día V*, la capitulación de Alemania. Los que estábamos en este mundo en los años cuarenta recordamos el día crucial en que las fuerzas aliadas cruzaron el Canal de la Mancha y desembarcaron en las playas de Normandía. El ejército nazi formó sus tropas a lo largo de la cabeza de playa francesa e intentó empujar a las fuerzas aliadas de vuelta al mar. Los nazis sabían que cualquiera de los dos lados que saliera victorioso ese día ganaría finalmente la guerra. Los aliados estaban convencidos de que el destino de Europa y quizá del mundo estaría determinado por lo que ocurriera en las primeras veinticuatro horas de la batalla.

Todo estudiante de historia sabe que los aliados prevalecieron y establecieron una cabeza de playa desde donde penetraron para retomar Europa de la dominación nazi. No obstante, muchos meses de lucha y de derramamiento de sangre siguieron al desembarco en Normandía antes que la victoria final sobre los nazis fuera una realidad. La contienda dolorosa que siguió a esa gran victoria costaría la vida de millones de personas. Vendrían más bombardeos y devastación después del *Día D* de los que habían ocurrido ya. No obstante, desde el *Día D* en adelante, nunca nadie dudó que la victoria sería de los aliados. Fue por esa razón que, después del *Día D*, el general Rommel se unió a la conspiración para asesinar a Hitler. El sabía que la guerra estaba perdida, y que sólo era cuestión de tiempo para que se derrumbara todo el Tercer Reich.

Los aliados pelearon y sufrieron muchos reveses, siendo el más horrendo la contraofensiva alemana en las Ardenas belgas. Pero nunca perdieron de vista la realidad de que la victoria sería de ellos. En los momentos más desalentadores, sabían que sólo era cuestión de tiempo para que se rindiera el enemigo. La batalla decisiva librada del *Día D* les dio una esperanza que trascendía a toda ilusión, aun en medio de las condiciones más desesperadas. Supieron siempre que llegaría el *Día V*.

Cullmann hace la observación que los cristianos tenemos que reconocer que también vivimos entre el *Día D* y el *Día V*. El *Día D* de Dios ocurrió hace dos mil años en un monte llamado Calvario. Allí el Dios que había invadido su creación perdida, por medio de su Hijo Jesucristo, confrontó los horribles poderes de las tinieblas en la batalla más crucial de la historia cósmica. Cuando terminó ese viernes terrible, parecía como que las huestes demoniacas habían triunfado y que el Príncipe de gloria había sido encerrado y derrotado en una tumba prestada. Pero eso era el viernes. Tres días después, Jesucristo quitó la piedra y se convirtió en el Cristo vencedor. Había destruido el poder de las tinieblas.

Si bien la batalla decisiva fue librada y ganada el *Día D* de Dios, debe reconocerse que su *Día V* no ha llegado todavía. Ese día será cuando suene la trompeta y sea declarada la victoria final. Su día de victoria será cuando Satanás sea atado y echado en el lago de fuego. Su *Día V* es cuando el Señor regrese y se convierta en el Rey reconocido de su creación. Cristo reinará dondequiera que el sol lleve con éxito su jornada sucesiva. Pondrá a todos sus enemigos bajo sus pies y finalmente toda rodilla se doblará y toda lengua confesará que El es el Señor de todo.

Dios ha comenzado a crear el mundo perfecto que establecerá en su regreso. Ha comenzado a crearlo en nosotros y por medio de nosotros, aquí y ahora. Somos personas por medio de las cuales El quiere llevar a cabo su revolución, y El nos asegura que la buena obra que ha iniciado en nosotros la completará cuando regrese en gloria. En nosotros El ha comenzado un movimiento por medio del que eliminará la pobreza, vencerá el racismo, destruirá el sexismo y establecerá un nuevo y justo orden social. El reino ya se está manifestando en nuestro medio. Nosotros somos los primeros frutos de lo que ha de venir.

Hay quienes no creerán esta increíble buena noticia y por lo tanto se tornarán cínicamente pasivos en esa emocionante coyuntura de la aventura humana. Ellos se burlan y dicen:

— ¿A quién le toma el pelo? El mundo será siempre un caos. Nadie puede cambiarlo. No hay esperanza para este mundo.

A esos cínicos supuestamente refinados les respondo:

— He estado leyendo la Biblia y he dado una mirada rápida al último capítulo para ver cómo termina y . . . ¡¡¡¡¡Jesucristo gana!!!!!!

Pertenezco a una iglesia de negros en Filadelfia. He sido miembro de ella por decenios y, para mí, la Iglesia Bautista Monte Carmelo está más cerca del cielo que ninguna otra cosa. Predico en muchas congregaciones, pero tengo que decir que ningún otro grupo de personas me deja con el mismo entusiasmo que la congregación de mi iglesia. Ellos siempre me dan a saber cómo ando. Si estoy bien o mal, me dicen lo que sienten acerca de mi mensaje.

Un día que estaba predicando, sentí que nada estaba pasando. Parecía no haber ninguna señal del dinamismo de Dios. Yo avanzaba penosamente en el mensaje, como usted habrá visto a muchos predicadores, y parecía que no iba a ninguna parte. Estaba como en las tres cuartas partes de mi sermón cuando una señora en el banco de atrás gritó: "¡Ayúdalo, Señor! ¡Ayúdalo, Señor!" Era toda la evidencia que necesitaba para saber que no lo estaba haciendo muy bien esa mañana.

Por otra parte, cuando el predicador de mi iglesia está realmente "ungido", se lo dan a entender. Los diáconos se sientan casi debajo del púlpito y, cada vez que el predicador dice algo especialmente bueno, lo animan a seguir con exclamaciones como: "¡Predique, hermano! ¡Predique, hermano! ¡Predique, hombre, predique!" Y cuando ellos me lo dicen a mí, ¡me dan muchos deseos de predicar!

Las mujeres de mi iglesia tienen una manera especial de responder cuando al predicador "le está yendo muy bien". Por lo general levantan la mano, la mecen en el aire y le gritan al predicador: "Muy bien, muy bien." Cada vez que me lo dicen a mí, se agitan mis hormonas.

Pero eso no es todo. Cuando en realidad me pongo en marcha, los hombres de mi congregación me animan exclamando: "¡Siga, hermano! ¡Siga! ¡Siga!" Le aseguro que un predicador nunca obtiene esa clase de reacción en una congregación de blancos. La gente blanca nunca grita: "¡Siga, siga!" Las congregaciones blancas son más predispuestas a mirar el reloj y a mascullar: "¡Pare! ¡Pare!"

Un viernes santo estábamos siete de nosotros predicando uno tras otro. Cuando llegó mi turno, me solté, y le aseguro que lo hice bien. Cuanto más predicaba, tanto más se animaba la gente en la congregación y, cuanto más se animaban ellos, tanto mejor predicaba yo. Iba de bueno en mejor y mejor. ¡Estaba tan bueno que quería tomar notas de mí mismo! Al final del mensaje, la congregación se soltó. Yo estaba absolutamente estremecido de alegría por los aleluyas y las exclamaciones de gozo que se oían por todo el lugar. Me senté junto a mi pastor y él me sonrió. Extendió la mano y me apretó la rodilla.

— ¡Lo hiciste bien, muchacho! — dijo él.

(Debo admitir que me disgusta cuando me dice "muchacho".) Me volví a él y le pregunté:

— ¿Pastor, va a poder superar eso?

El me sonrió y me dijo:

— ¡Hijo, ponte cómodo, porque este viejo te va a dar una lección!

No pensé que nadie podía superarme ese día. Lo había hecho muy bien . . . Pero el viejo se levantó y tengo que admitir que lo hizo. Lo que me sorprendió es que lo hizo empleando una sola frase. Por hora y media predicó la frase una y otra vez. Durante hora y media sostuvo la atención de la multitud con una sola línea: "¡Es viernes, pero el domingo viene!" Esa línea quizá no signifique tanto para usted, pero debió haberlo oído a él predicarla. Comenzó su sermón suavemente diciendo: "Era viernes; era viernes y mi Jesucristo estaba muerto en el madero. Pero eso era el viernes, ¡y el domingo viene!"

Uno de los diáconos gritó: "¡Predique, hermano! ¡Predique!" Era todo el impulso que necesitaba. Habló más fuerte y dijo: "Era viernes y María se deshacía en un mar de lágrimas. Los discípulos huían en todas direcciones, como ovejas sin pastor, ¡pero eso era el viernes, y el domingo viene!" La congregación comenzaba a captar el mensaje. Las mujeres mecían las manos en el aire y decían suavemente: "Muy bien, muy bien." Algunos de los hombres estaban gritando: "¡Siga, siga!"

El predicador siguió. Levantó el volumen todavía más y exclamó:

"Era viernes. Los cínicos miraban el mundo y decían: 'Como han sido las cosas así seguirán. No se puede cambiar nada en este mundo; no se puede cambiar nada.' Pero esos cínicos no sabían que sólo era viernes. ¡El domingo viene!"

"¡Era viernes! Y el viernes las fuerzas que oprimen al pobre y lo hacen sufrir dominaban la situación. ¡Pero eso era el viernes! ¡El domingo viene!

"Era viernes, y el viernes Pilato pensó que con lavarse las manos se había evitado muchos problemas. Los fariseos se pavoneaban, riendo y metiendo los codos en las costillas del otro. Pensaban que habían vuelto a tomar el control, ¡pero no sabían que apenas era viernes y el domingo viene!"

Mantuvo la frase por media hora, una hora, una hora y cuarto, hasta una hora y media. Una y otra vez atacó con:

"¡Es viernes, pero el domingo viene! ¡Es viernes, pero el domingo viene! ¡Es viernes, pero el domingo viene!"

Para cuando hubo terminado el mensaje, yo estaba exhausto. Nos había mantenido a mí y a todos los demás en tal grado de exaltación que no creo que ninguno hubiera podido soportarlo por más tiempo. Al final de su mensaje, simplemente gritó a todo pulmón: "¡ES VIERNES!" y todos los quinientos de nosotros gritamos en respuesta al unísono: "¡EL DOMINGO VIENE!"

Esas son las buenas nuevas. Esa es la palabra que el

mundo ha estado esperando. Eso es lo que tenemos que salir y decir a la gente del mundo. Cuando están psicológicamente deprimidos, tenemos que decirles que el domingo viene. Cuando sientan que nunca más conocerán el amor, tenemos que decirle que el domingo viene. Cuando han perdido su creencia en lo milagroso, de manera que ya no esperan grandes cosas de Dios, tenemos que decirles que el domingo viene.

Tenemos que ir a un mundo que sufre la injusticia económica y la opresión política y decirles que el domingo viene. El mundo pudiera estar lleno de cinco millones de hambrientos. La mitad del planeta pudiera estar bajo la tiranía de la dominación comunista. Pudiera quedar algún dictador en un país latinoamericano; en algunas naciones la gente pudiera sufrir la limitación de sus derechos y el ataque de sus esperanzas. Pero yo no me avergüenzo del evangelio de Cristo, porque a todos los que están al borde de la desesperación les puedo gritar a todo pulmón: «¡ES VIERNES, PERO EL DOMINGO VIENE!»

Nos agradaría recibir noticias suyas.
Por favor, envíe sus comentarios sobre este libro
a la dirección que aparece a continuación.
Muchas gracias.

Editorial Vida
Vida@zondervan.com
www.editorialvida.com